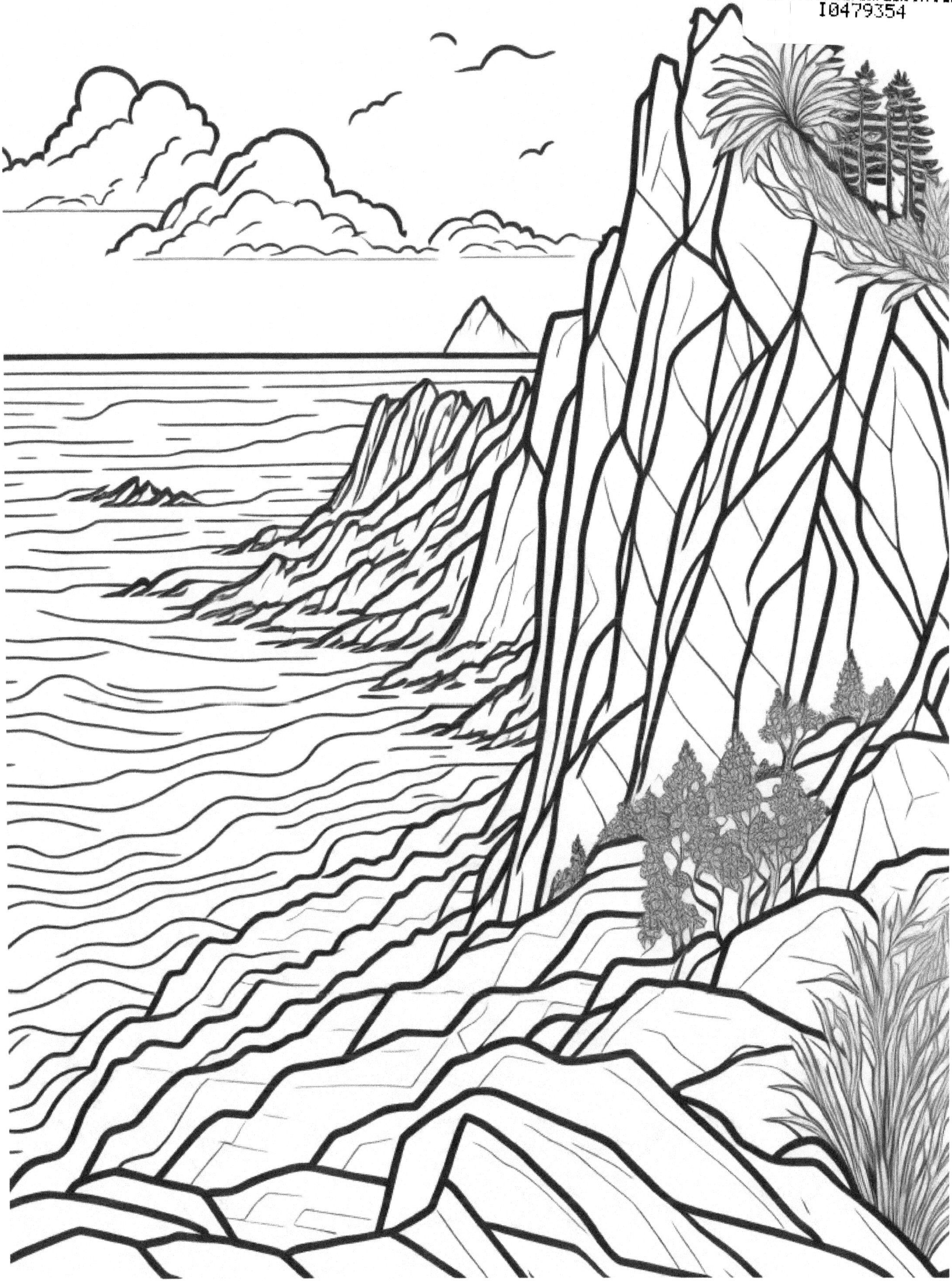

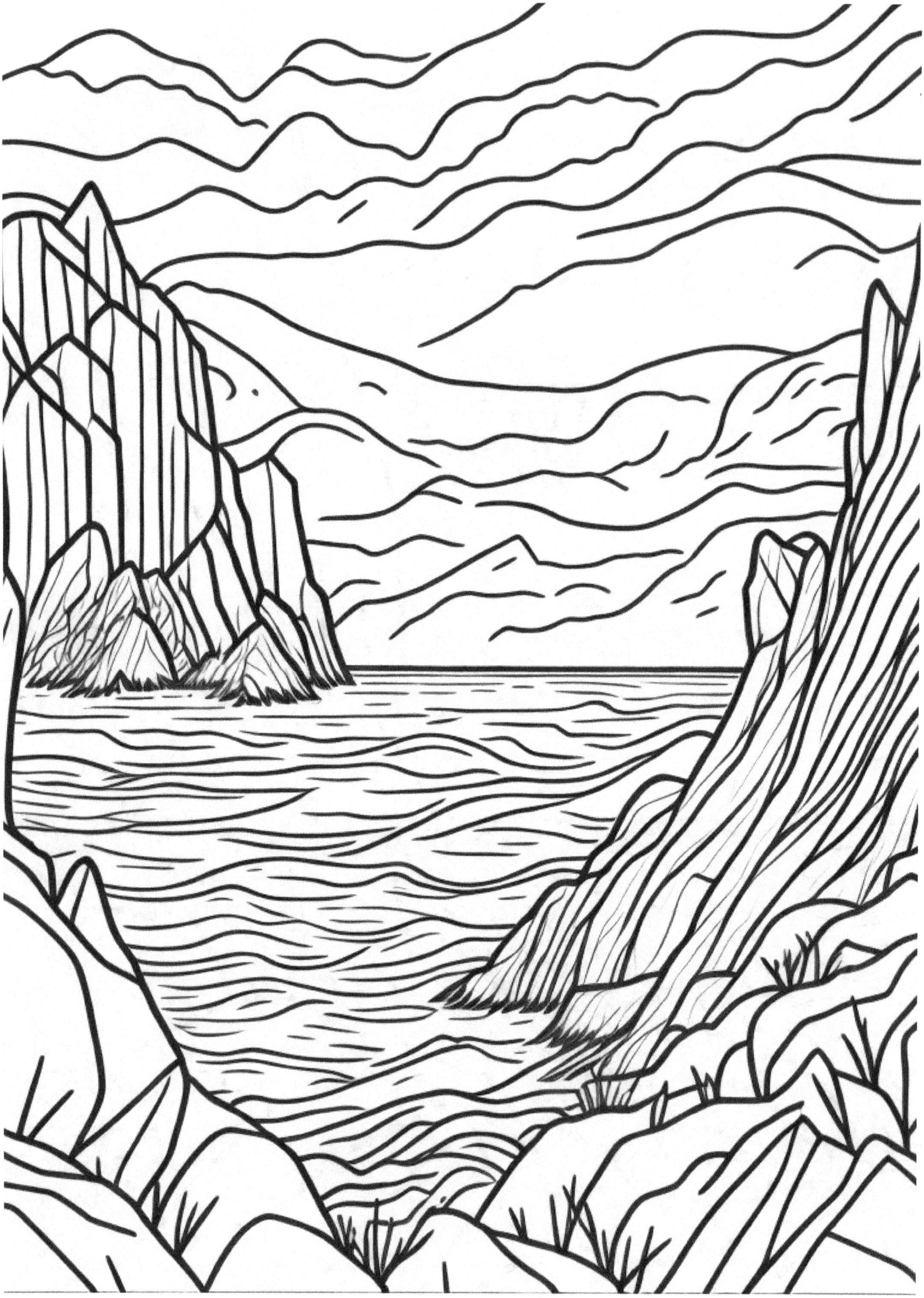

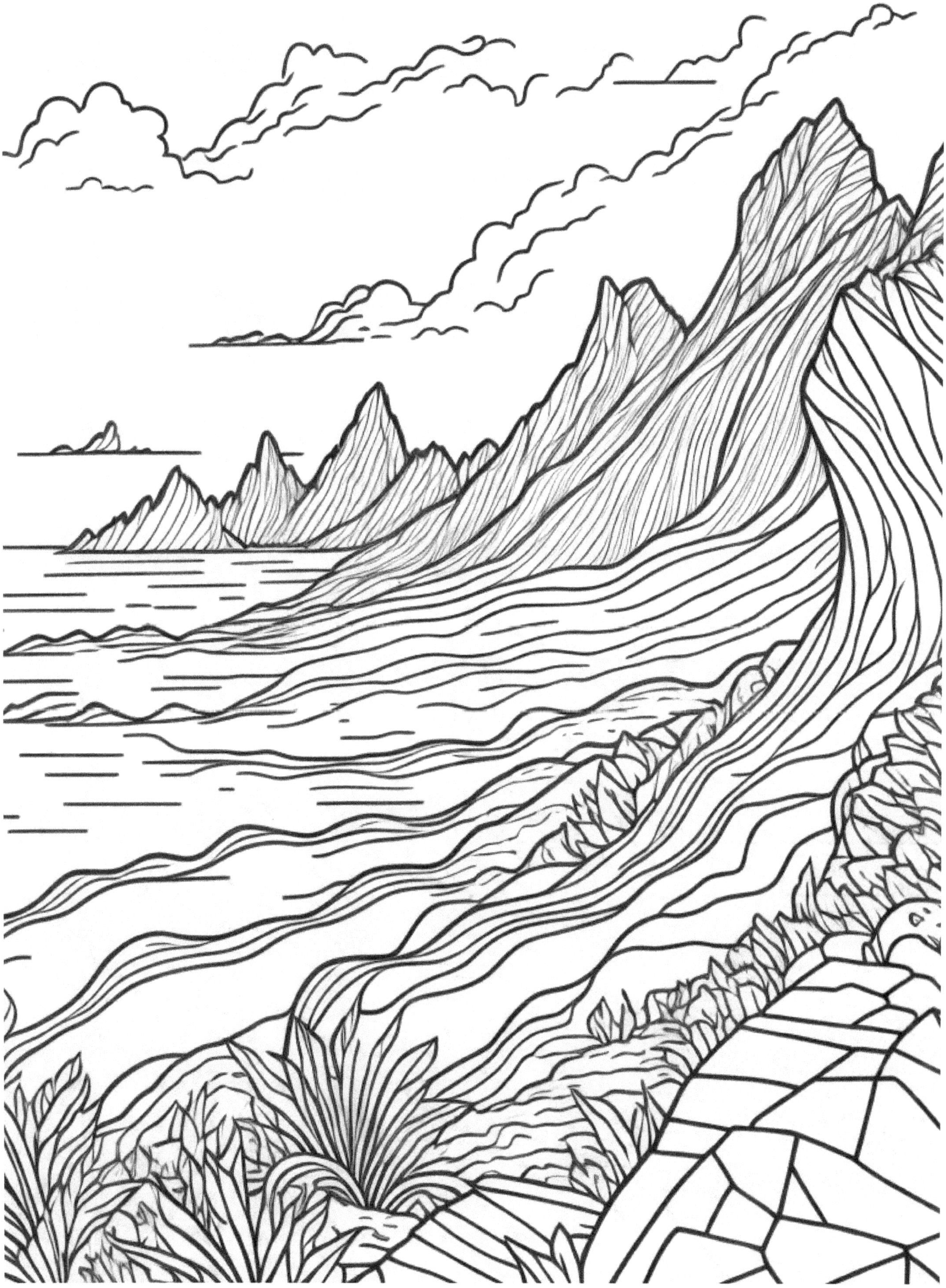

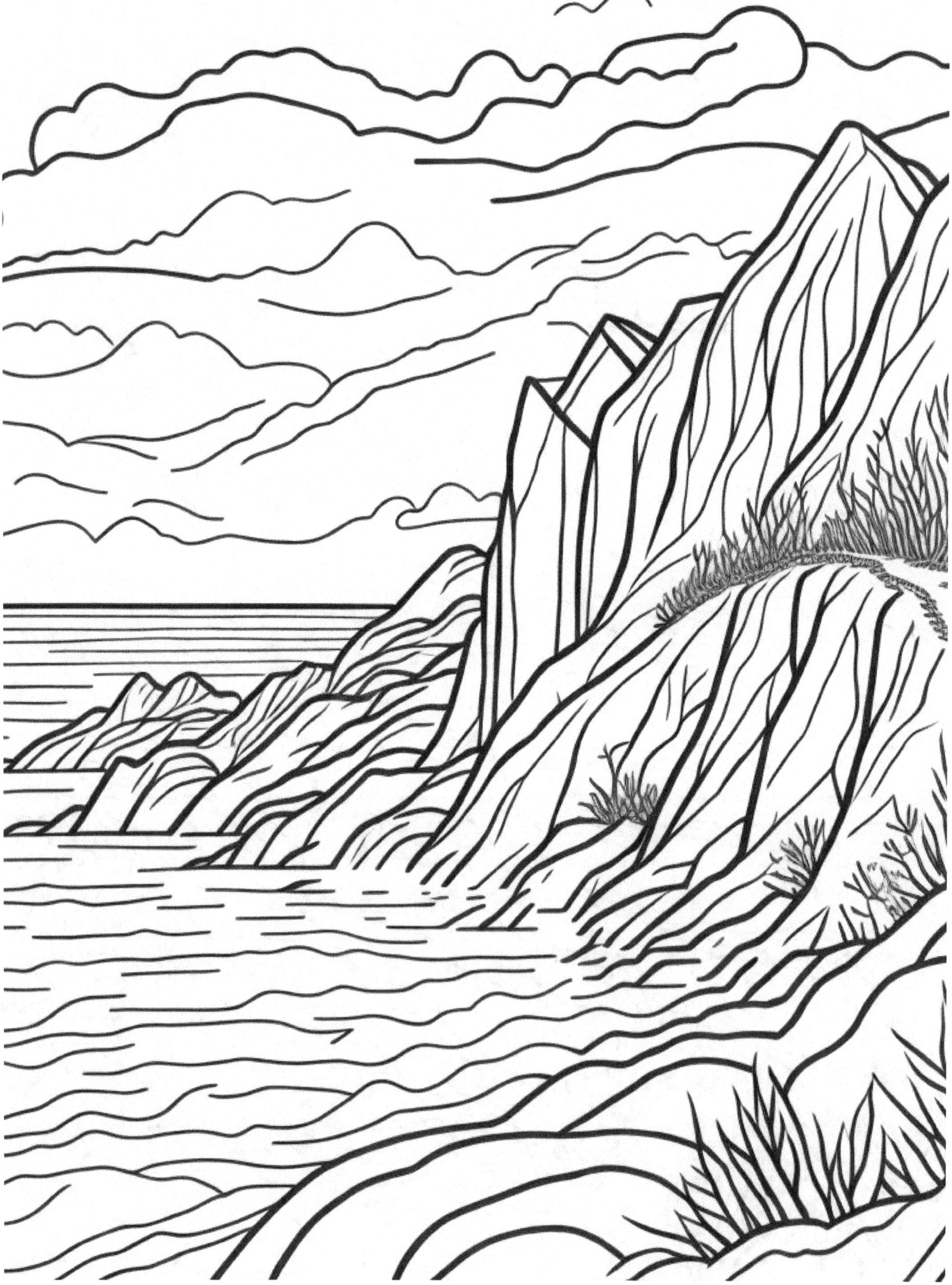

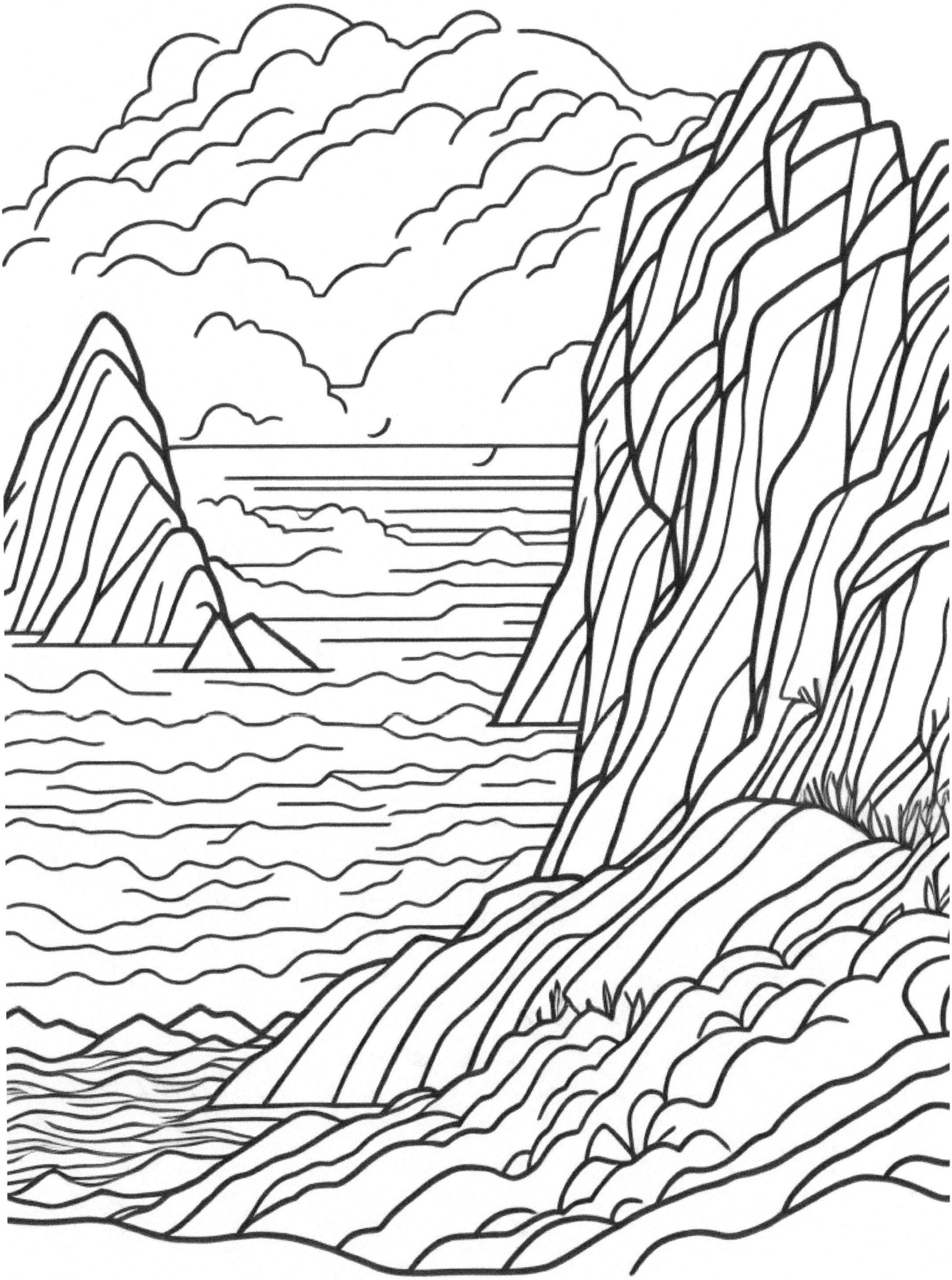

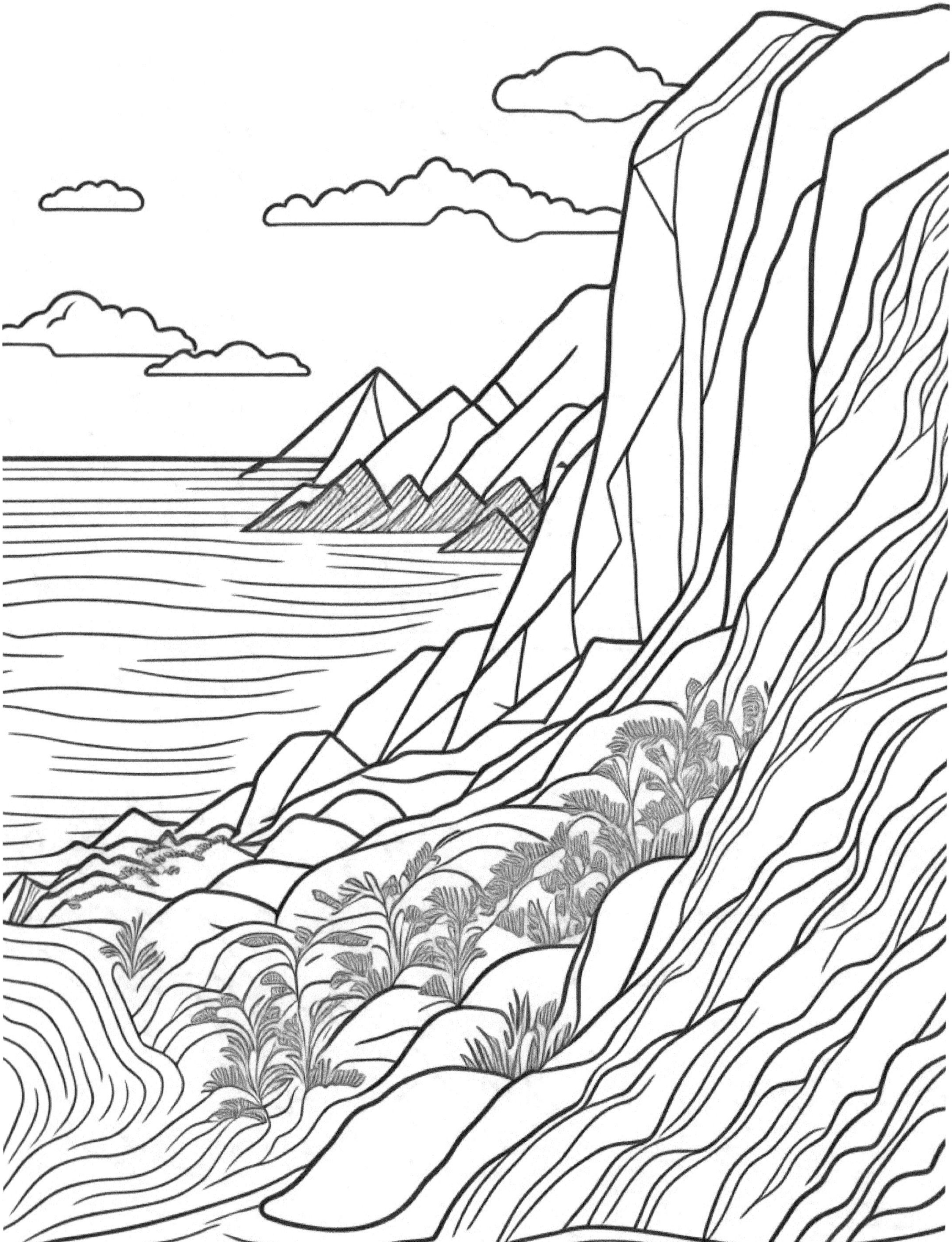

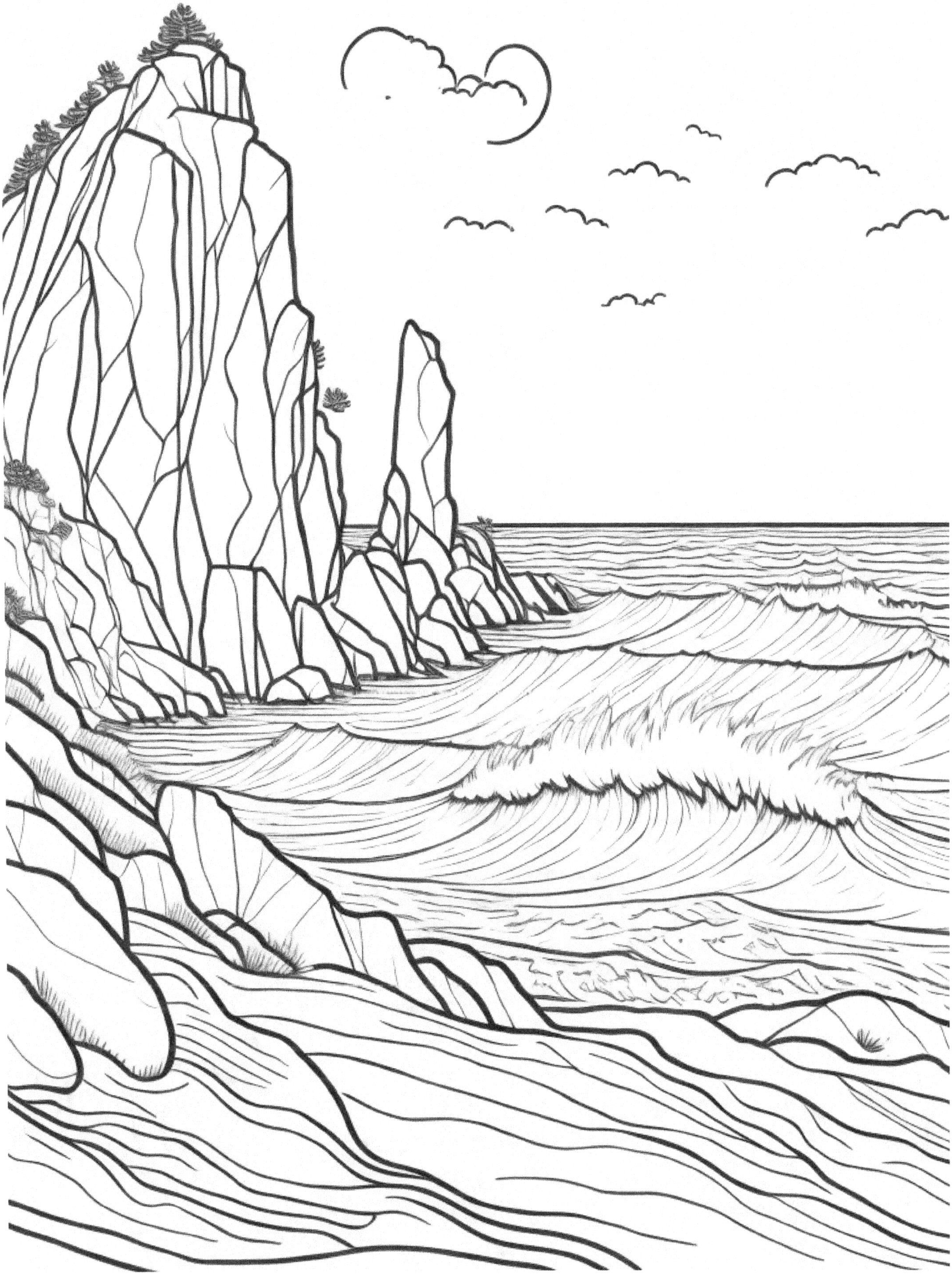

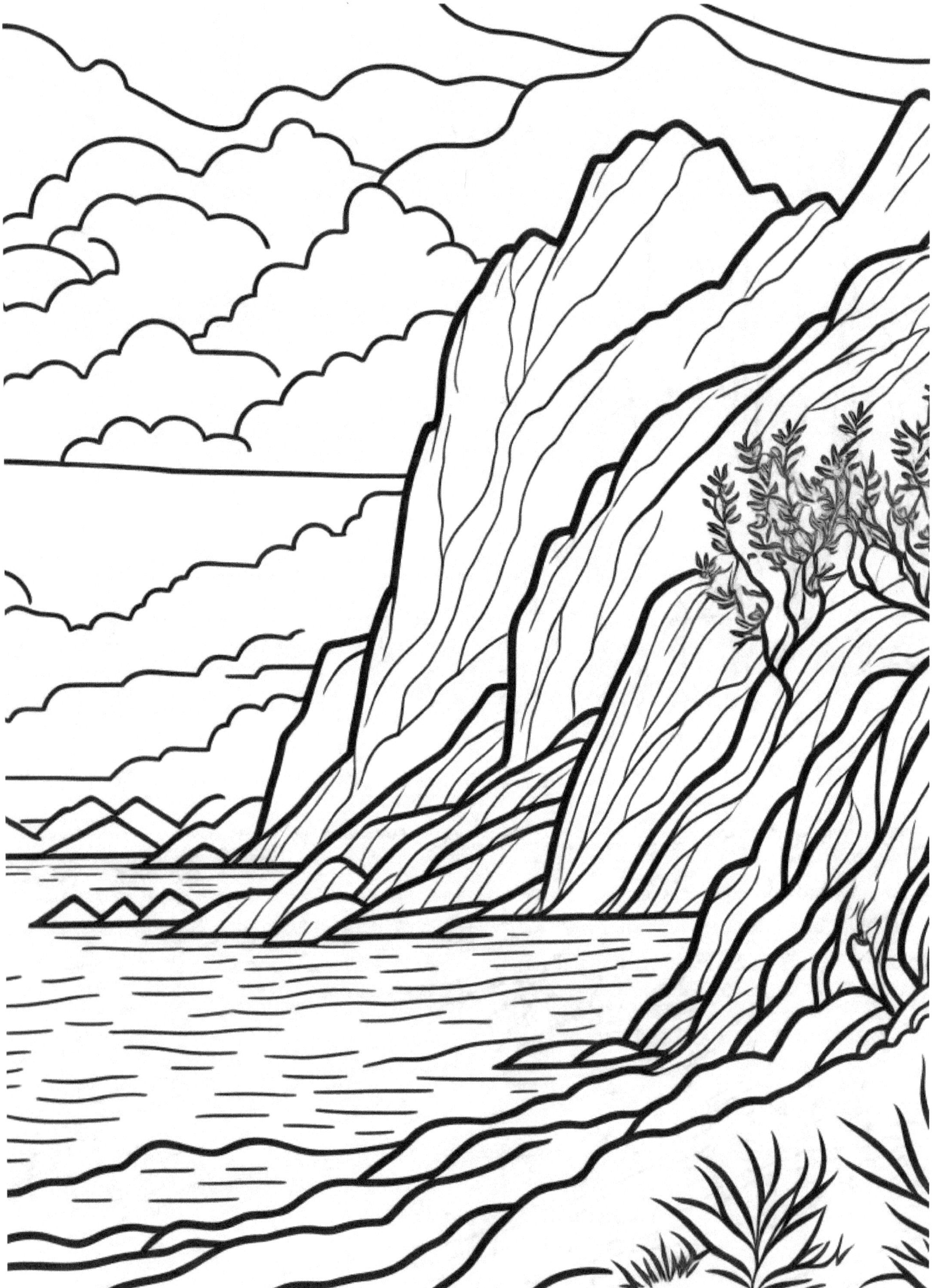

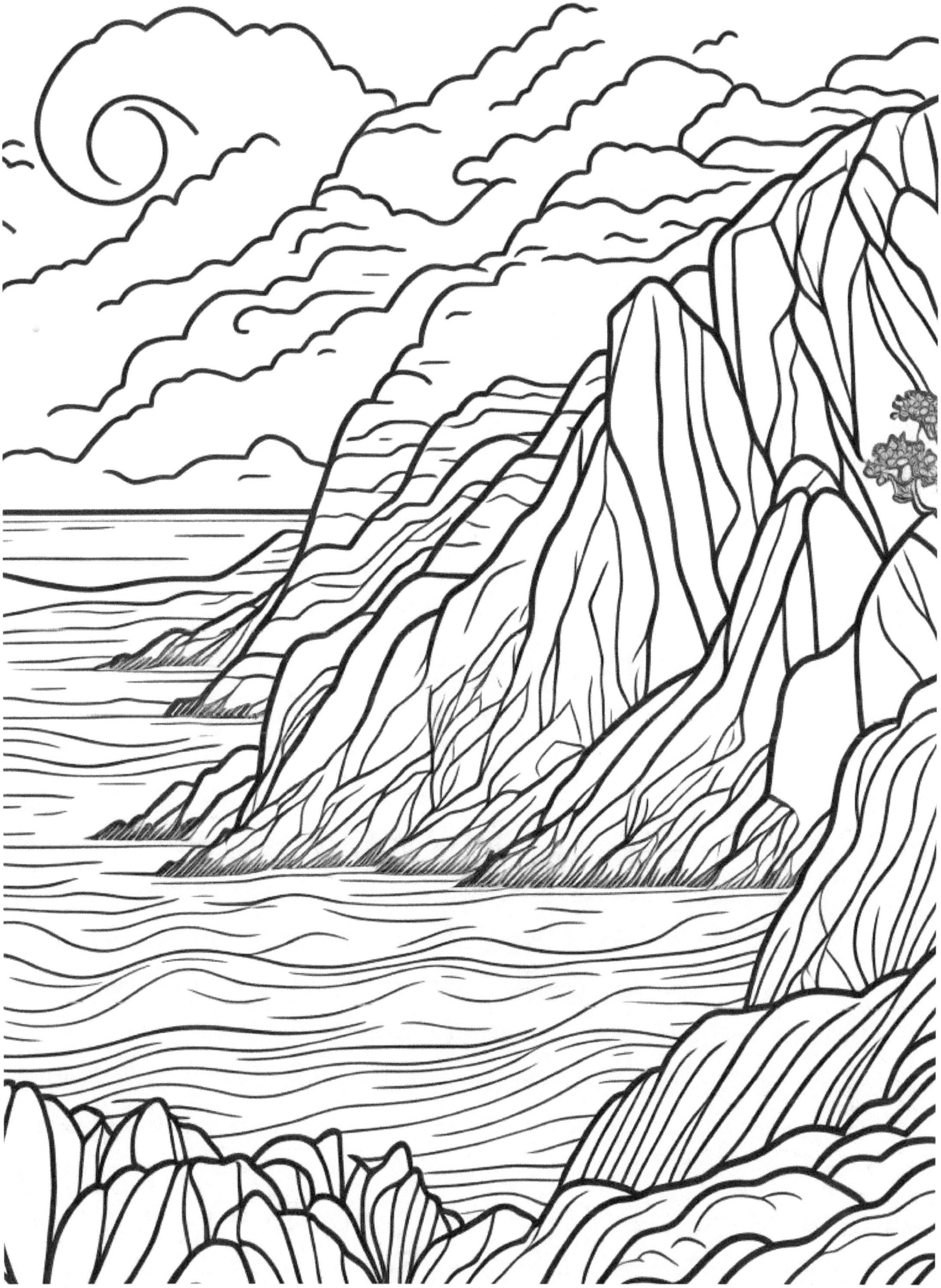

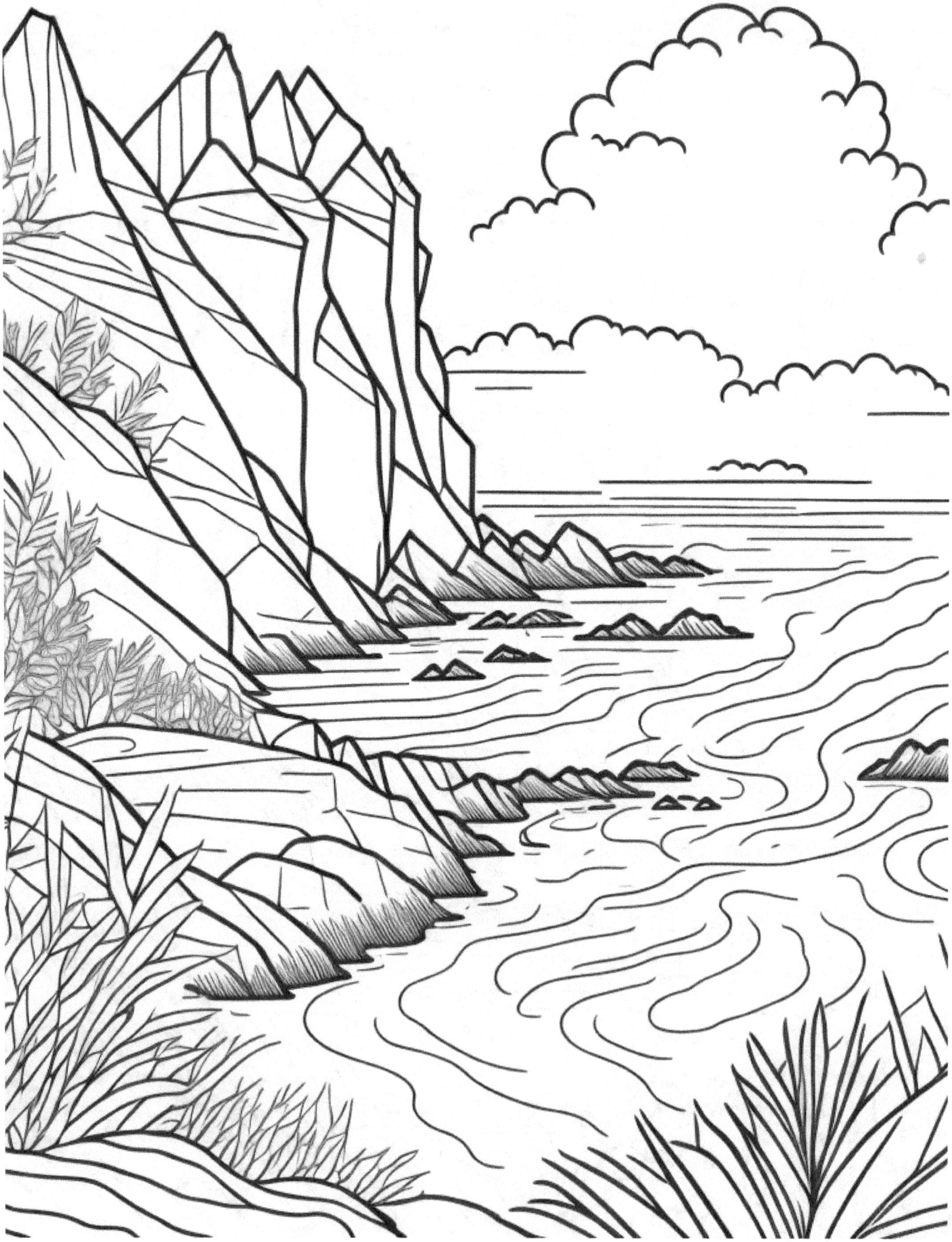

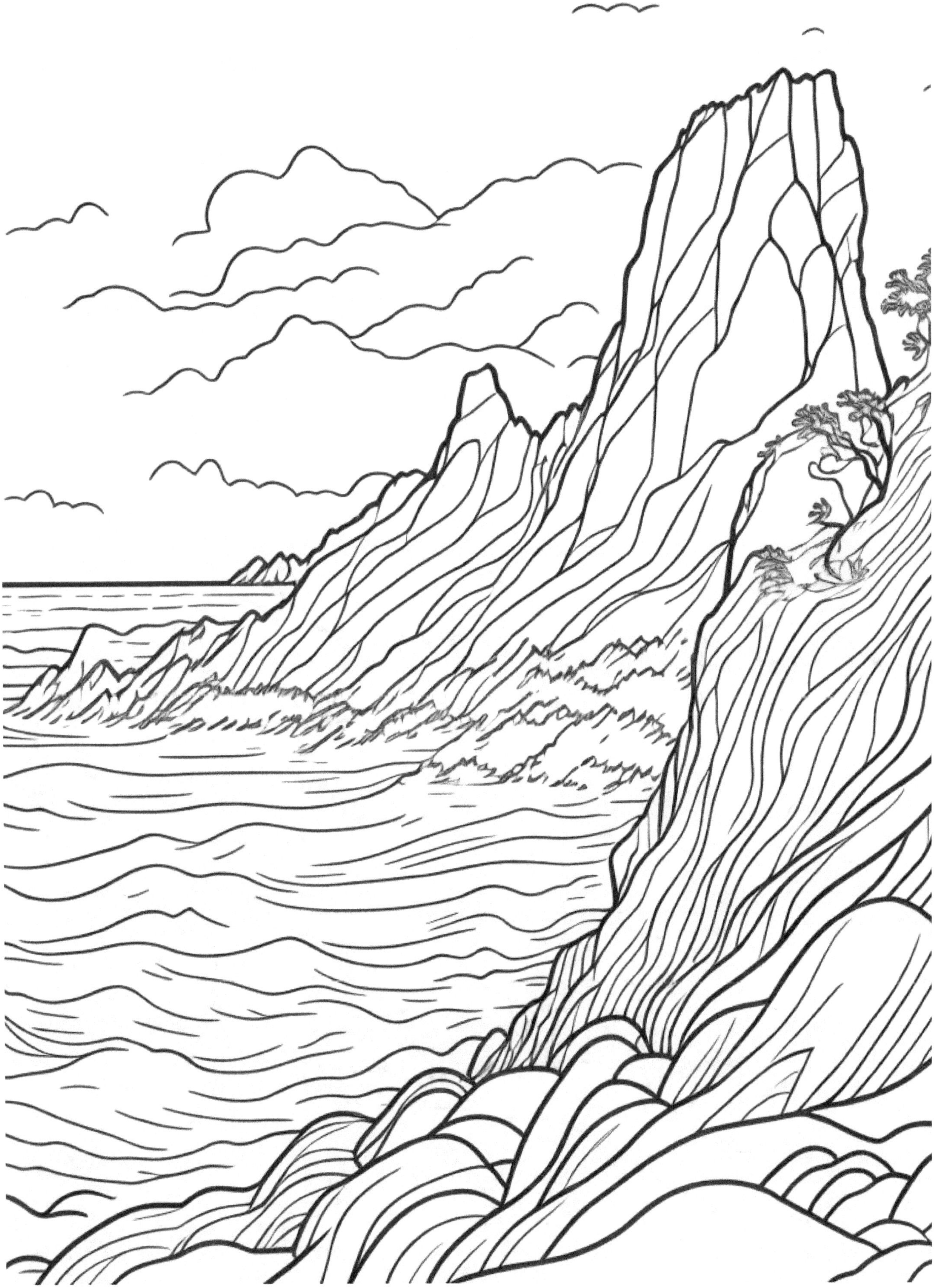

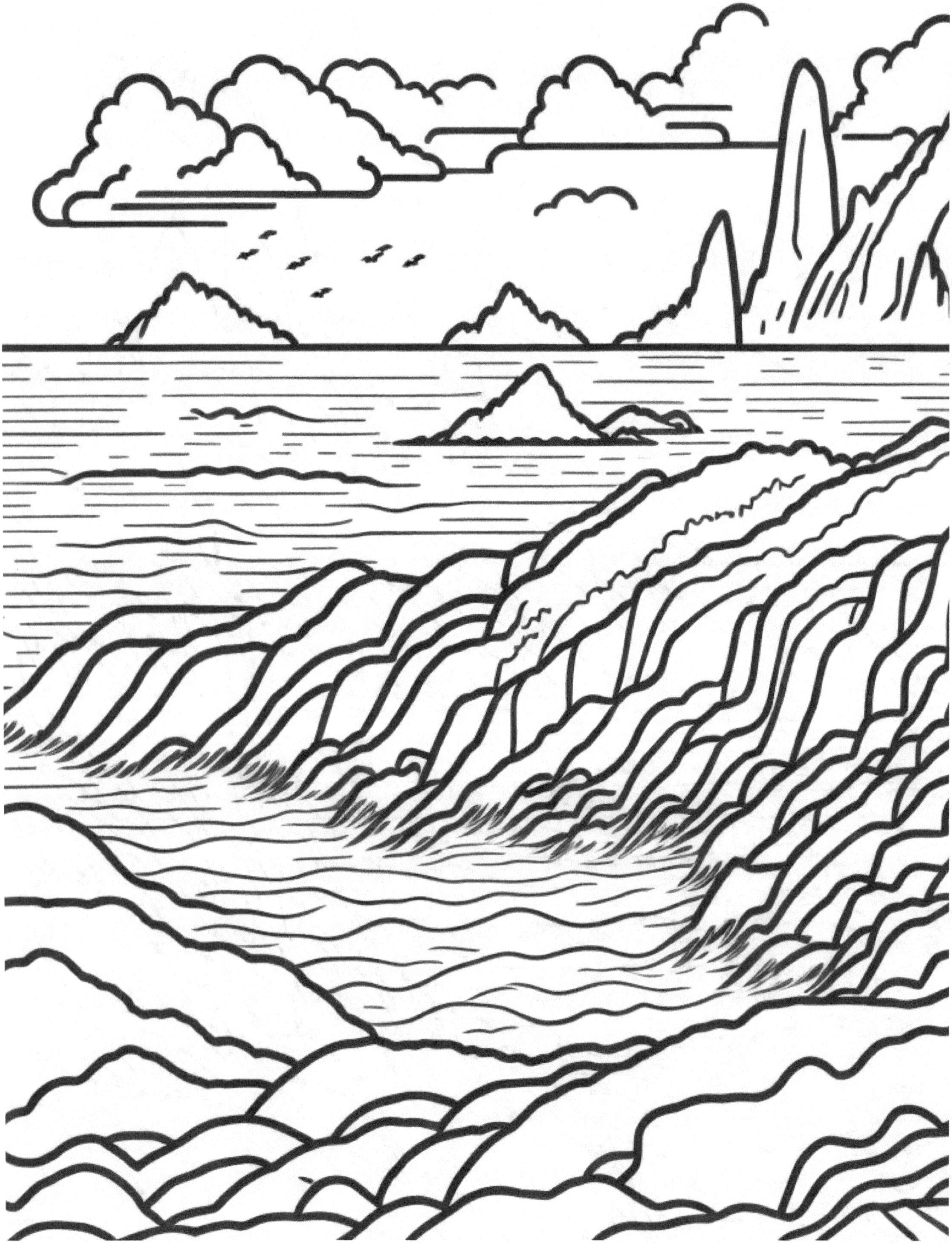

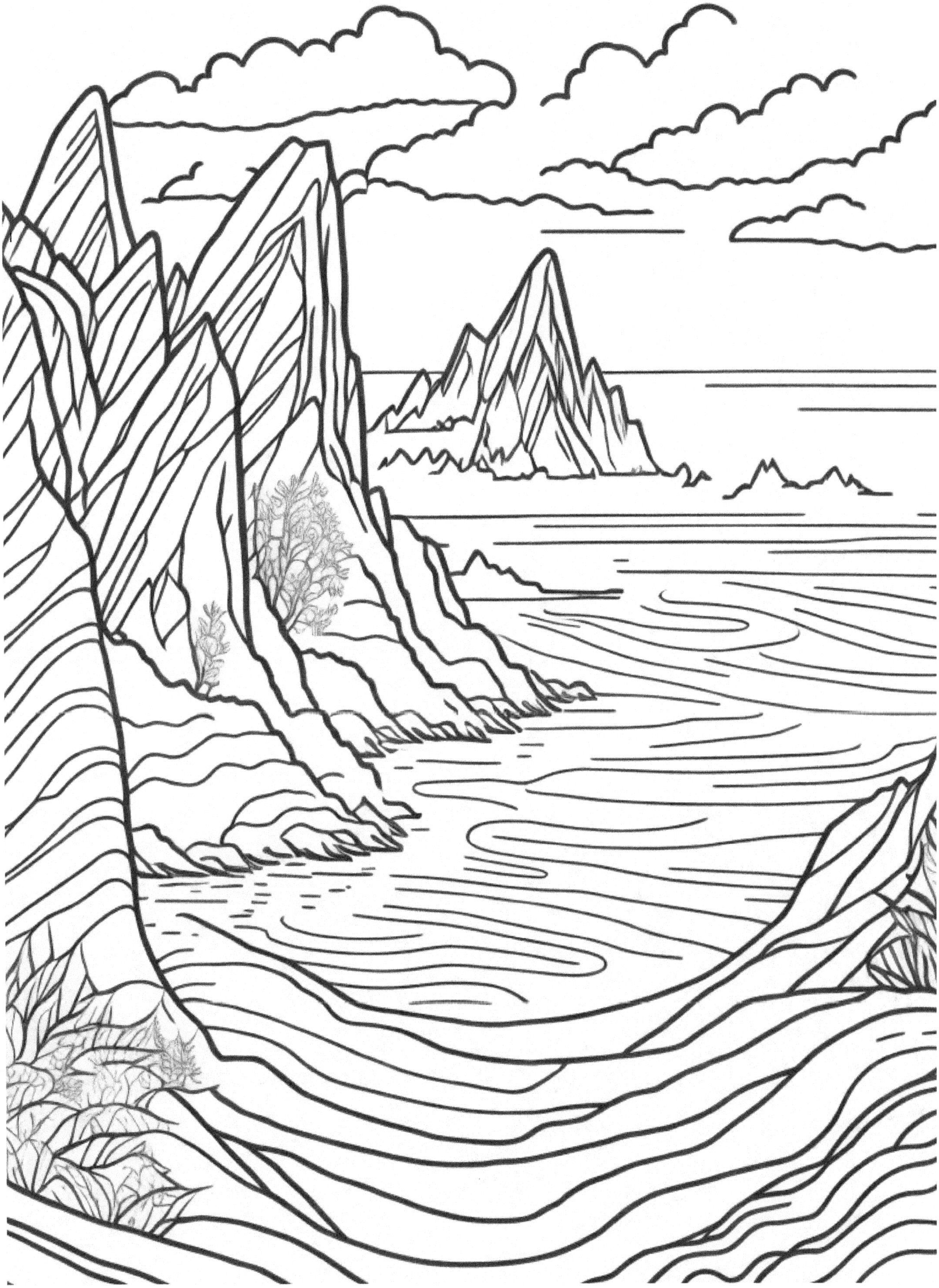

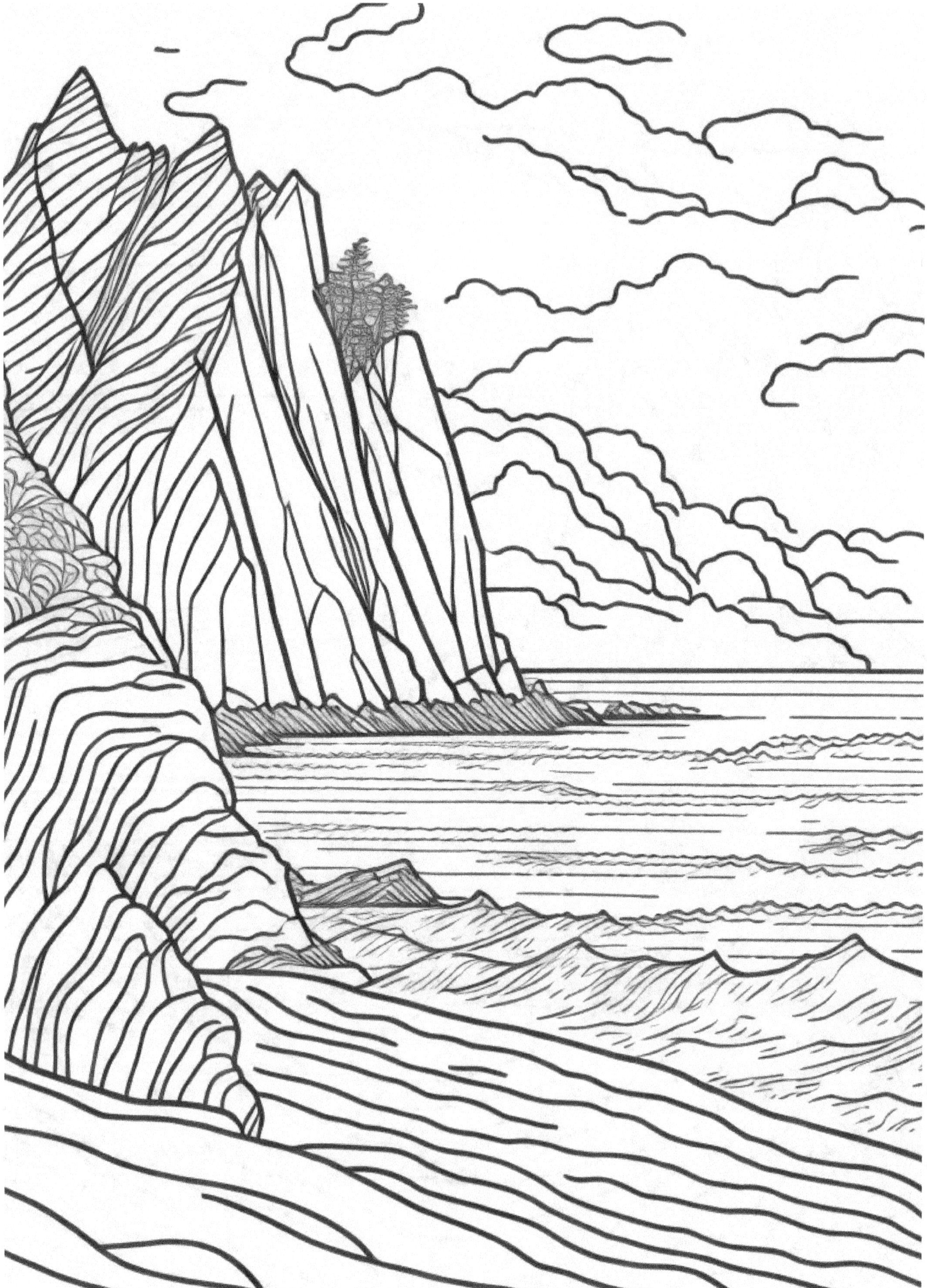

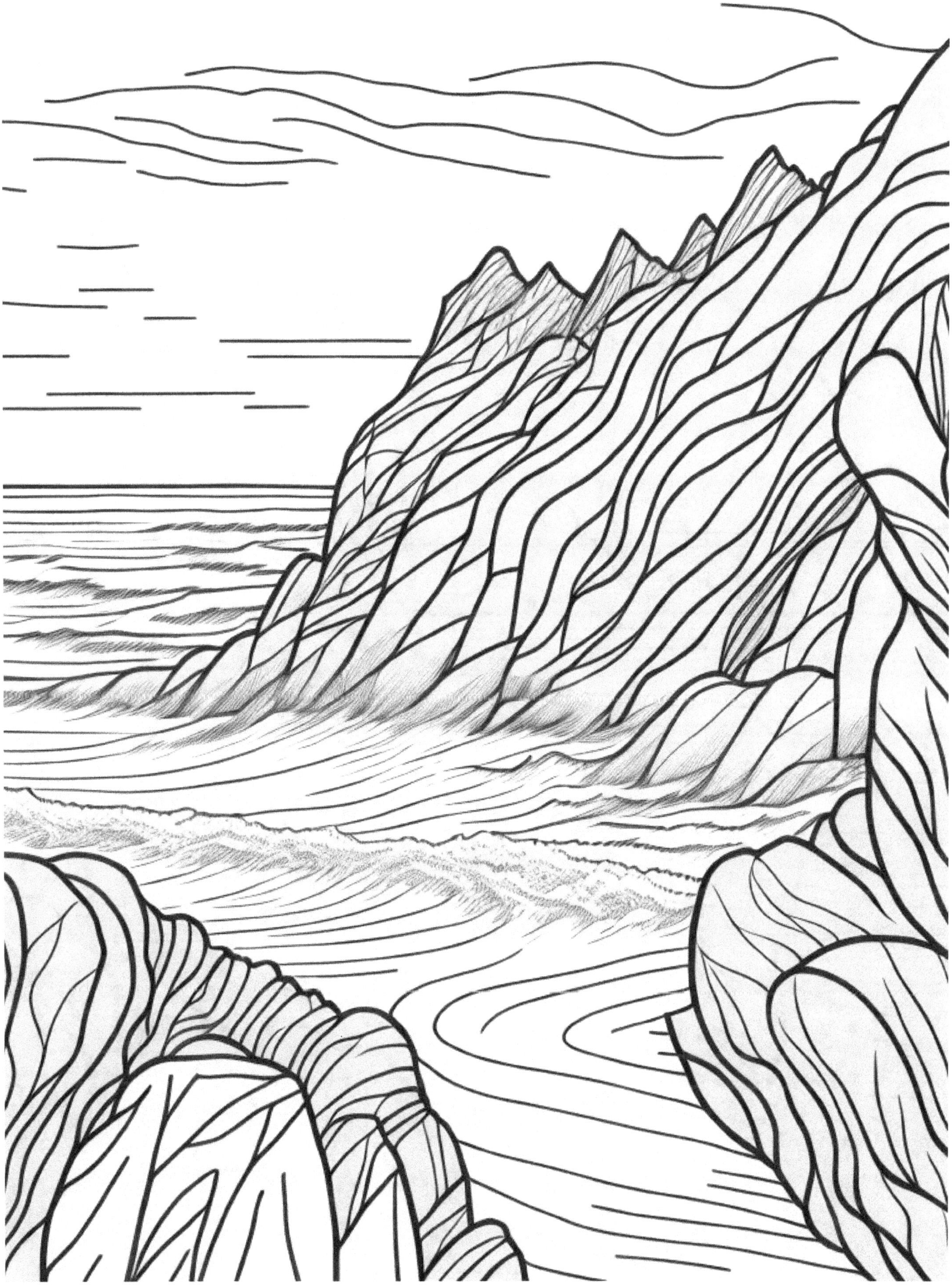

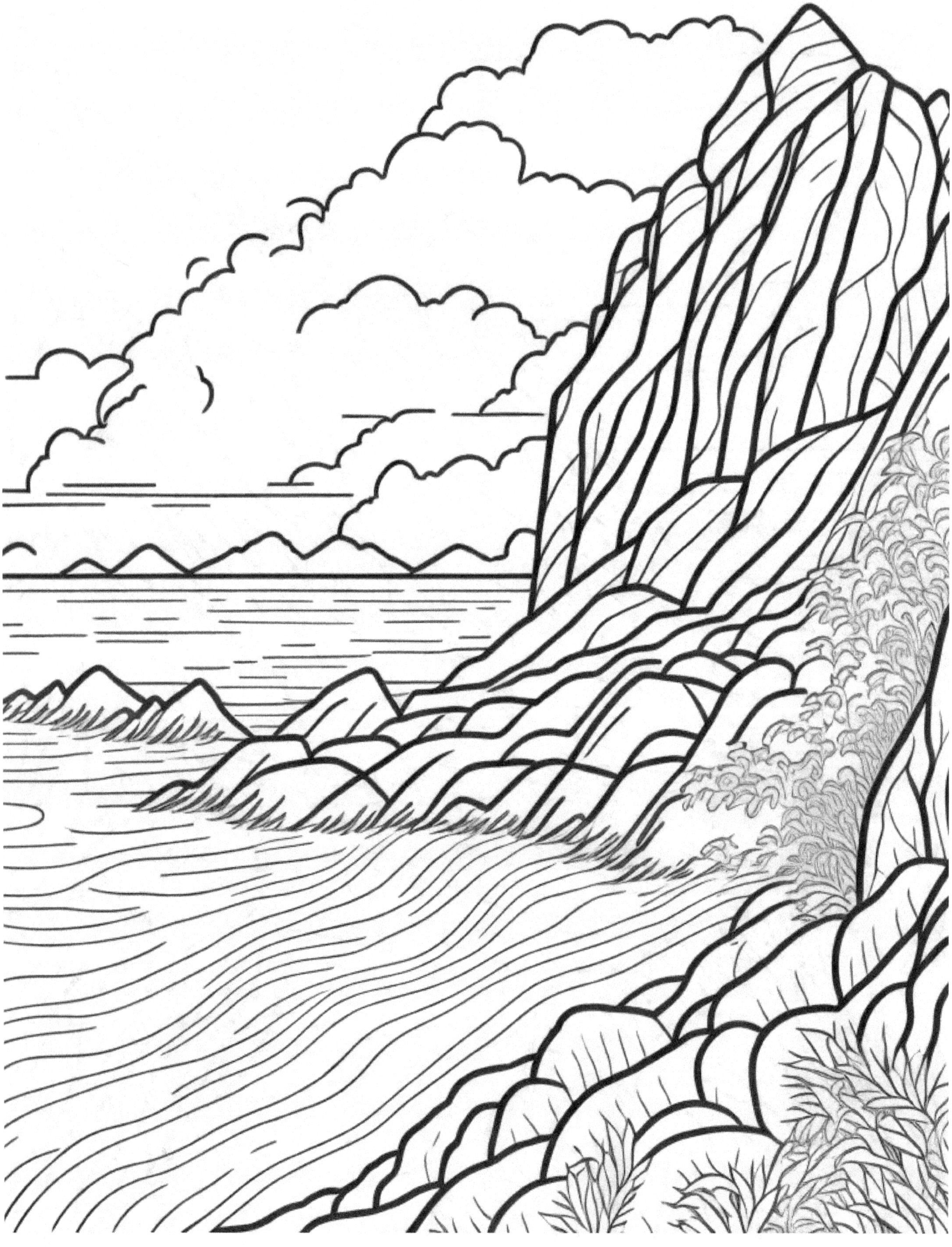

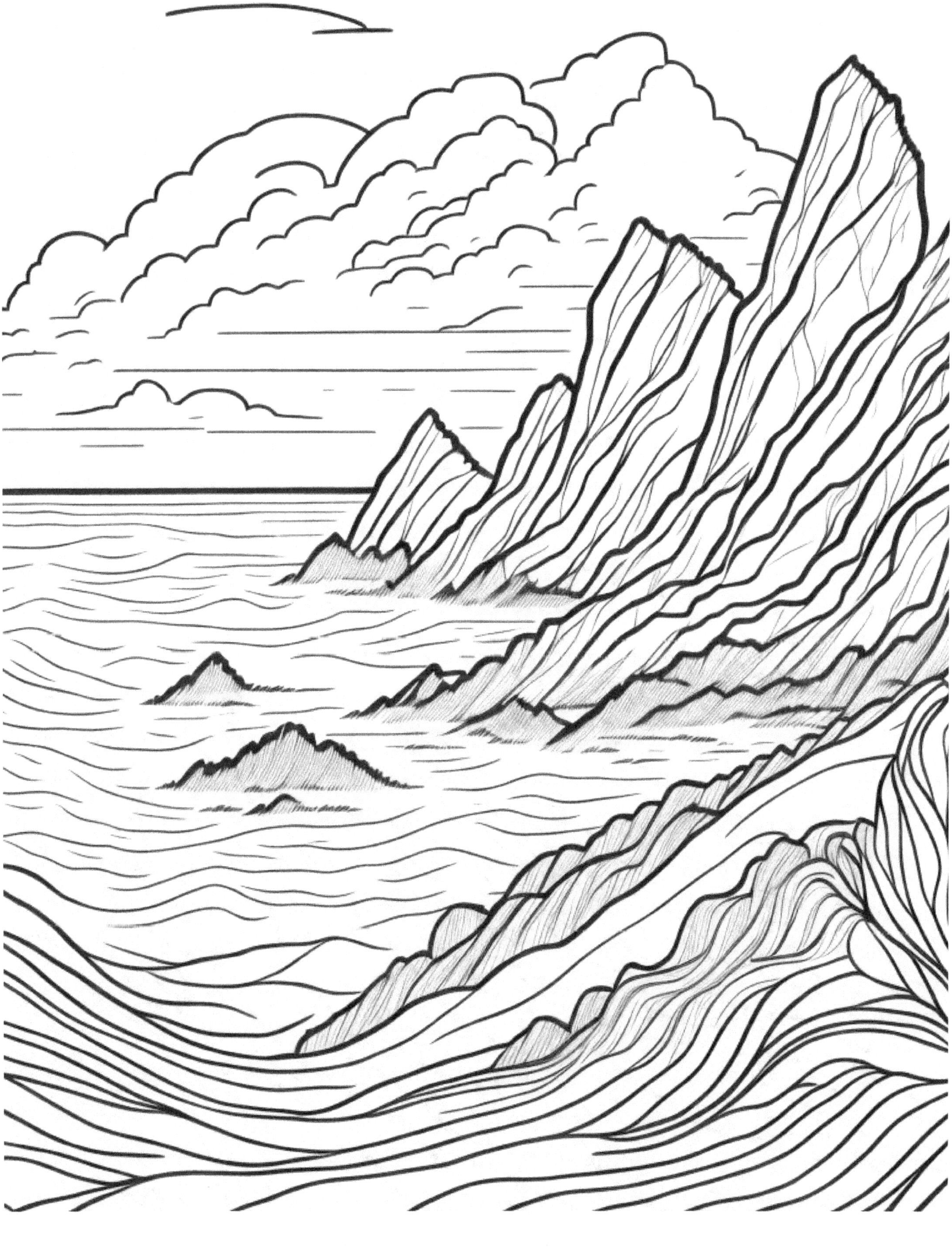

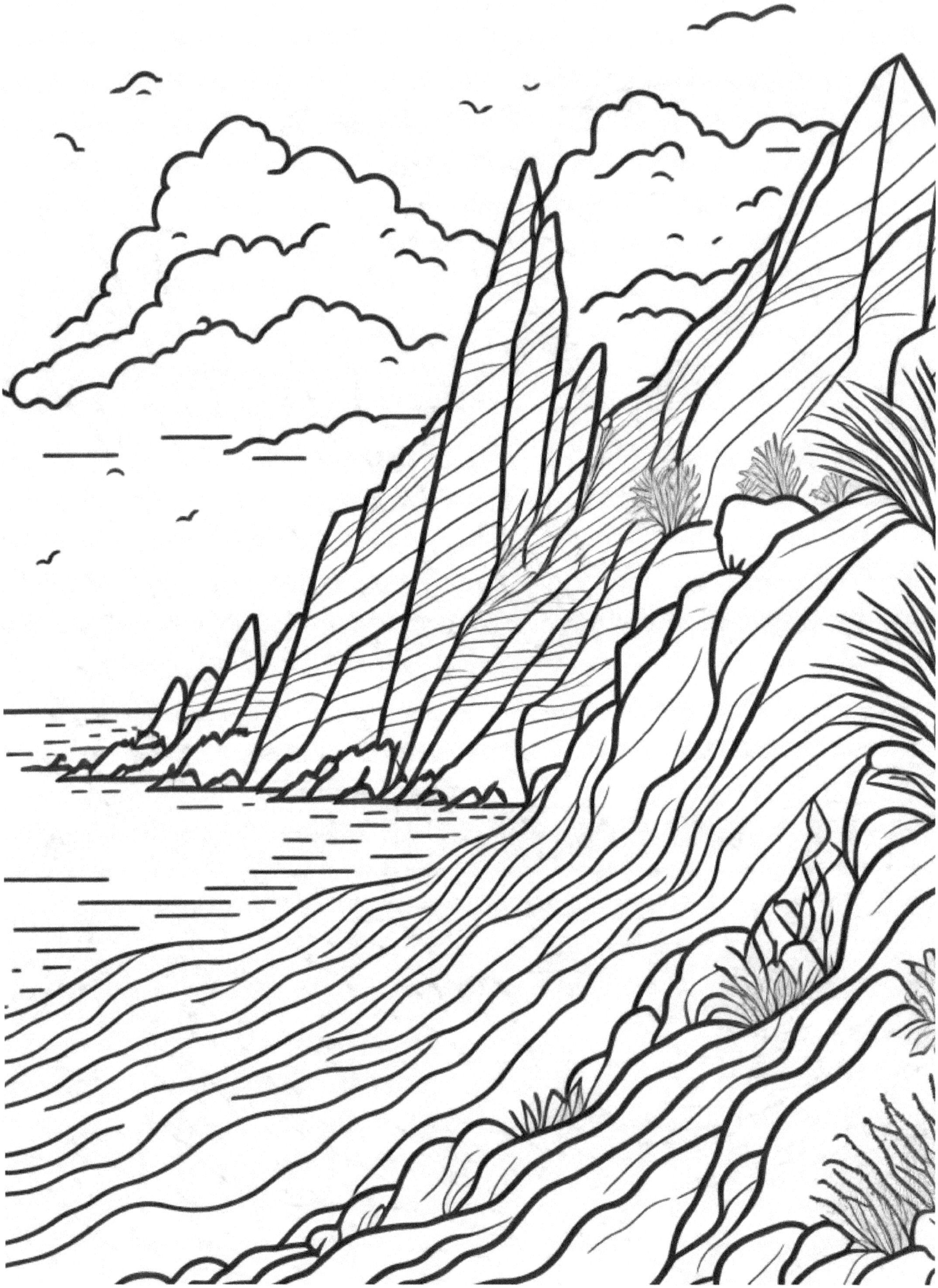

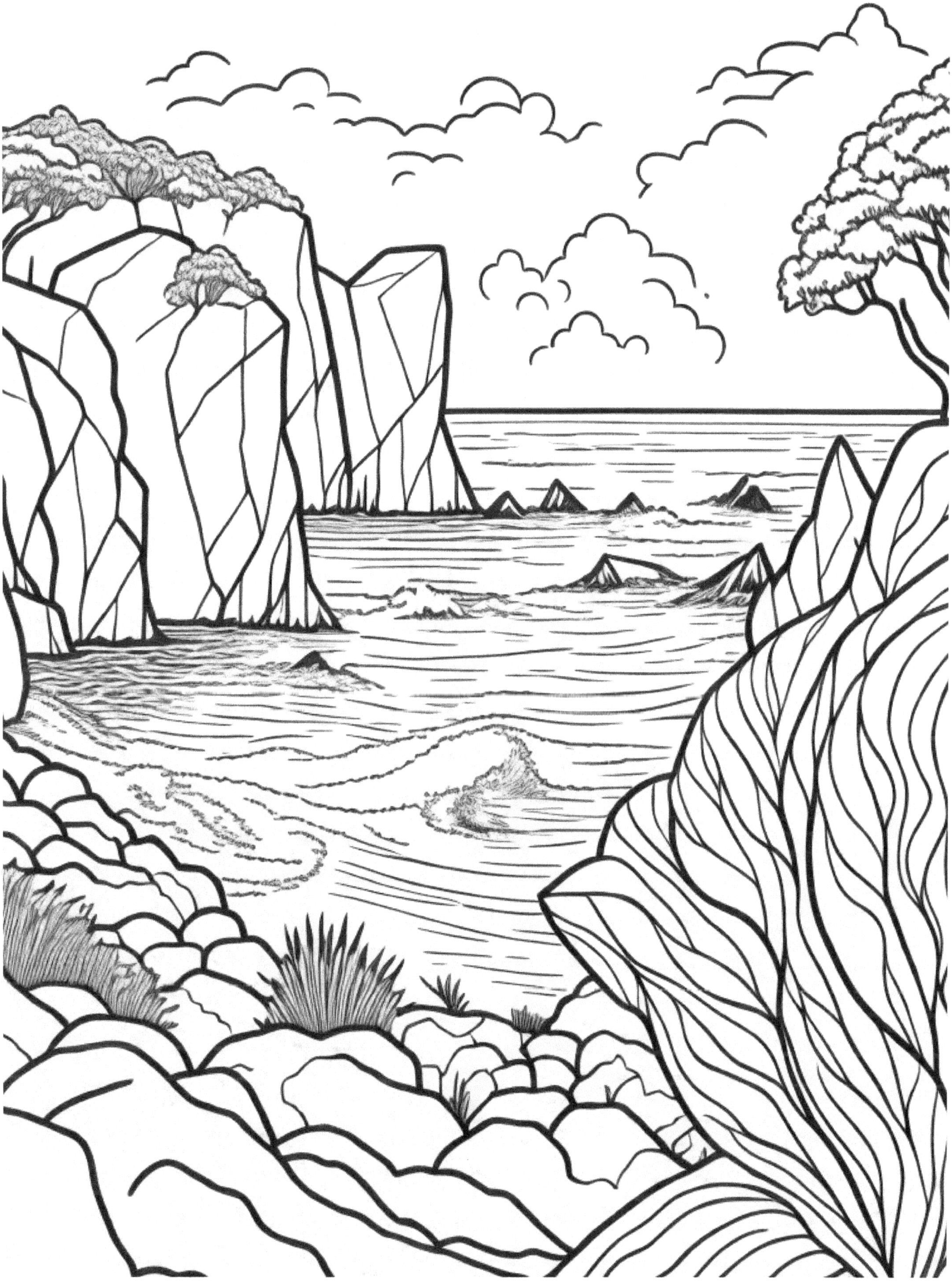

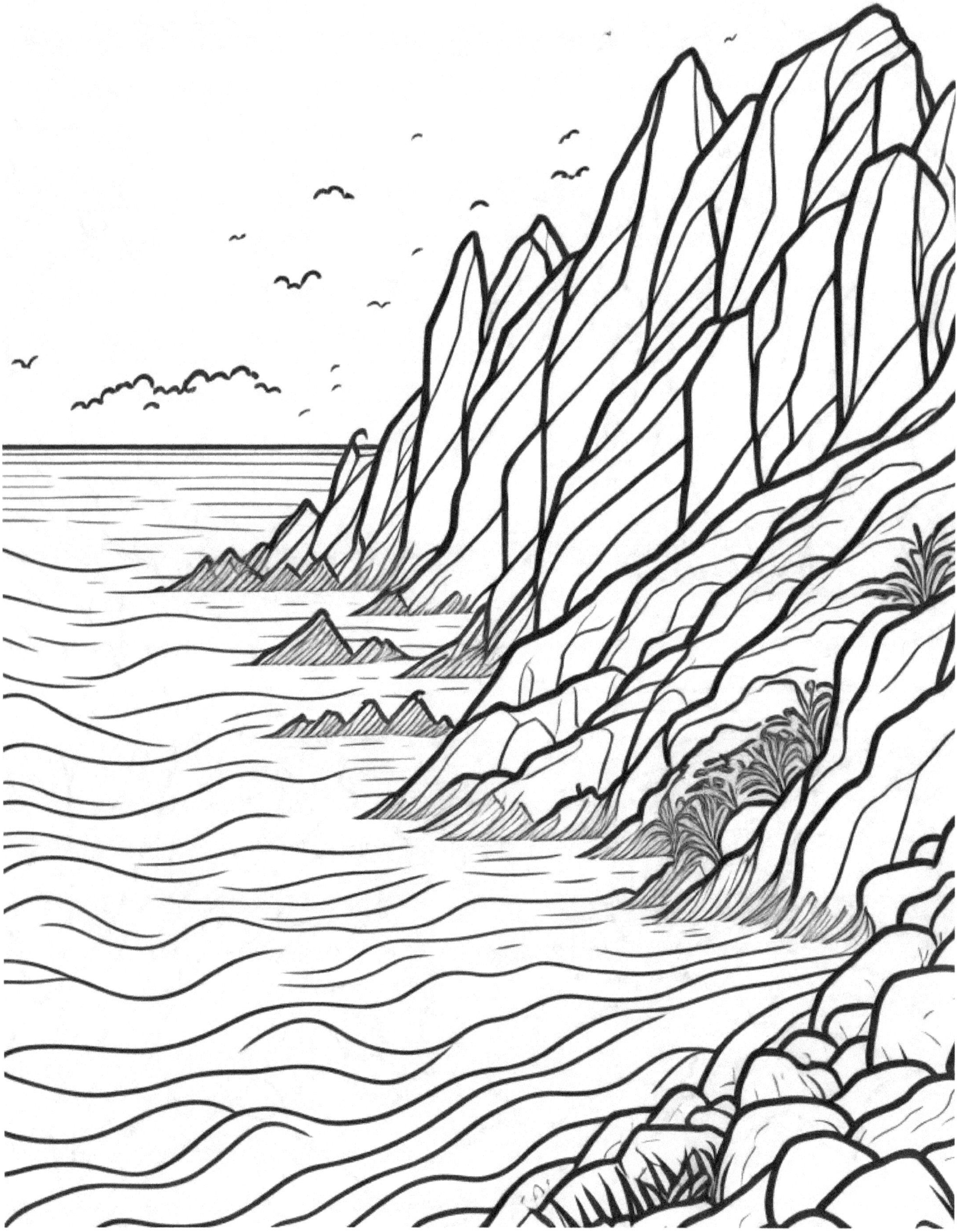

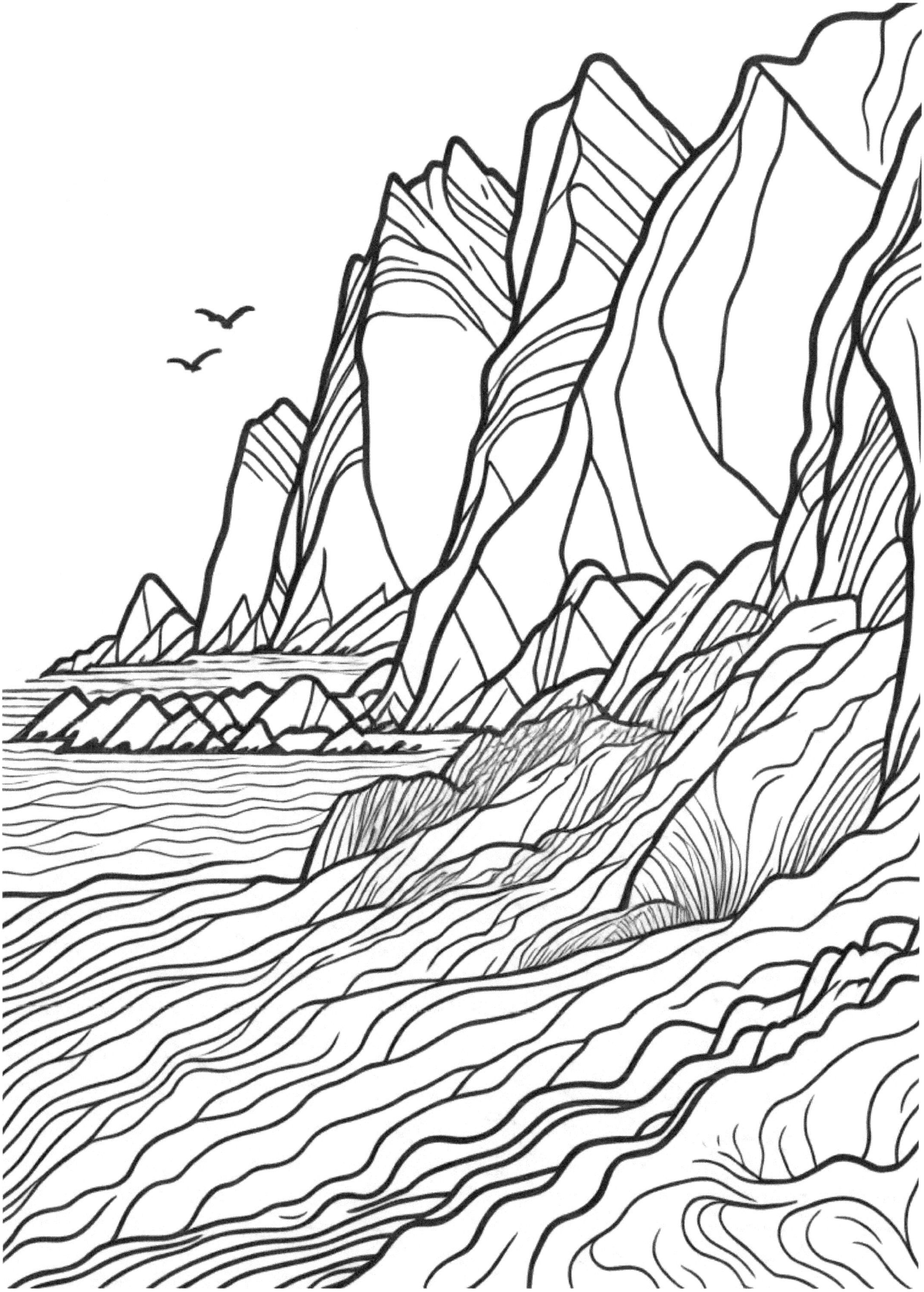

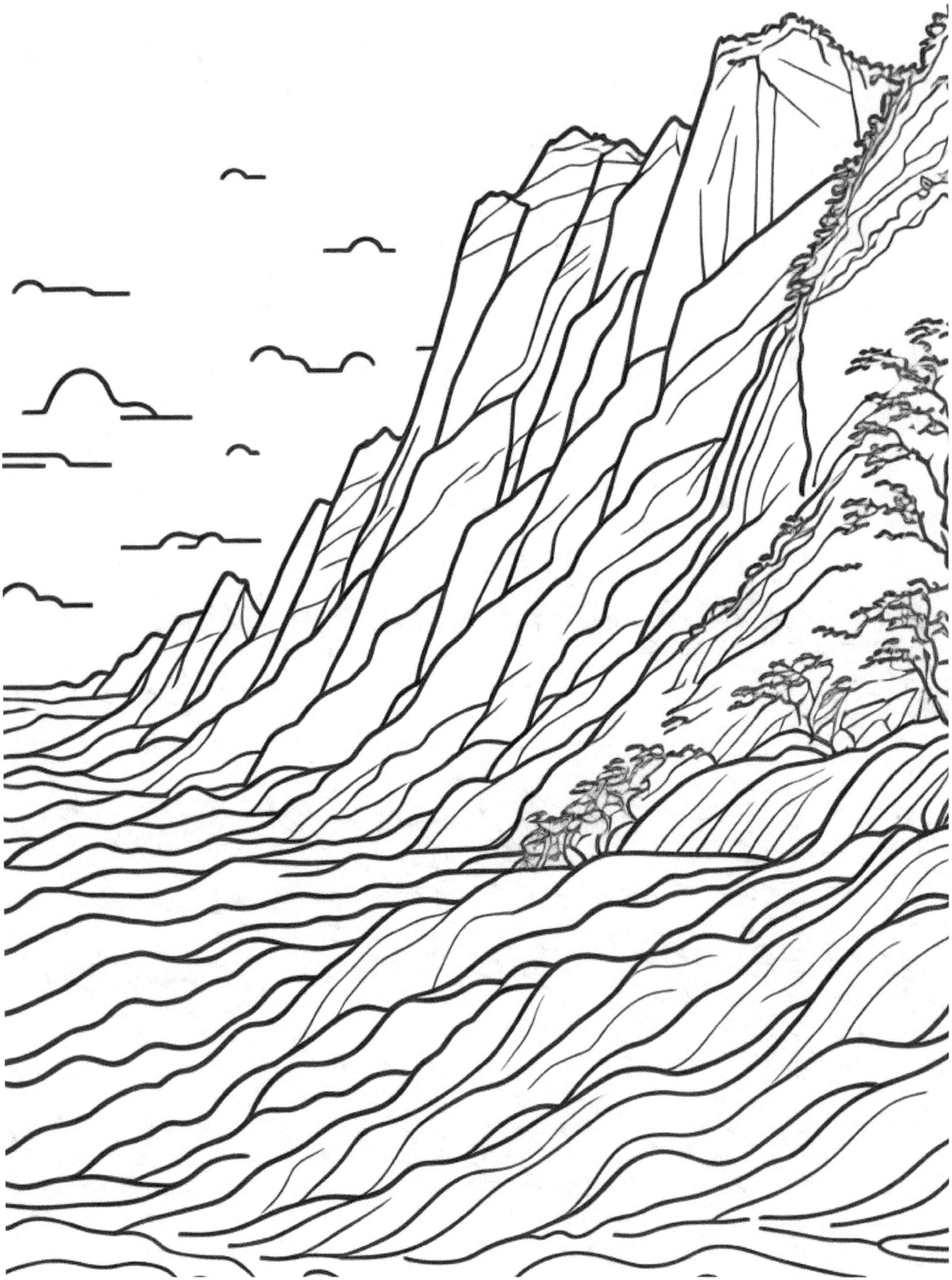

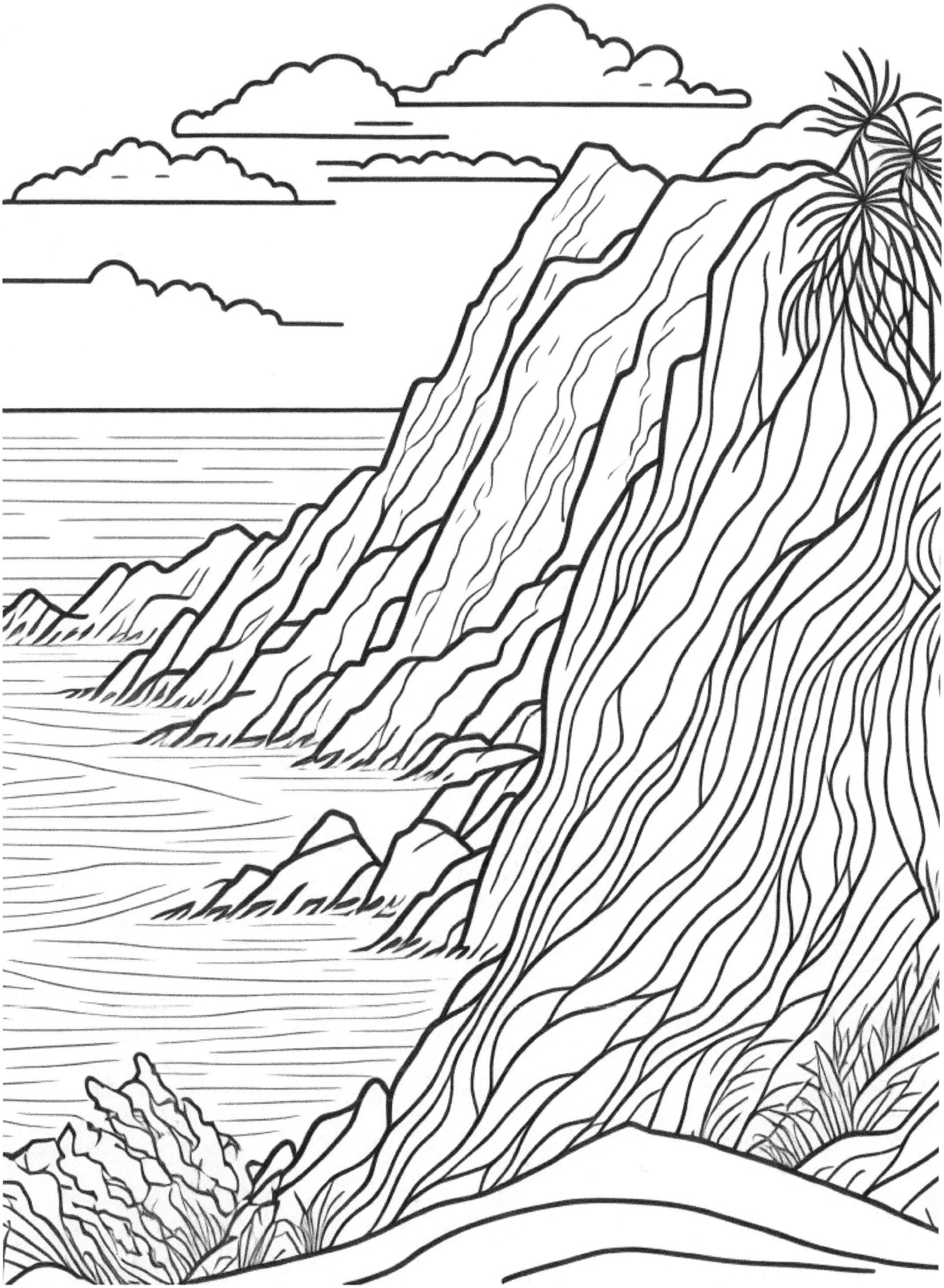

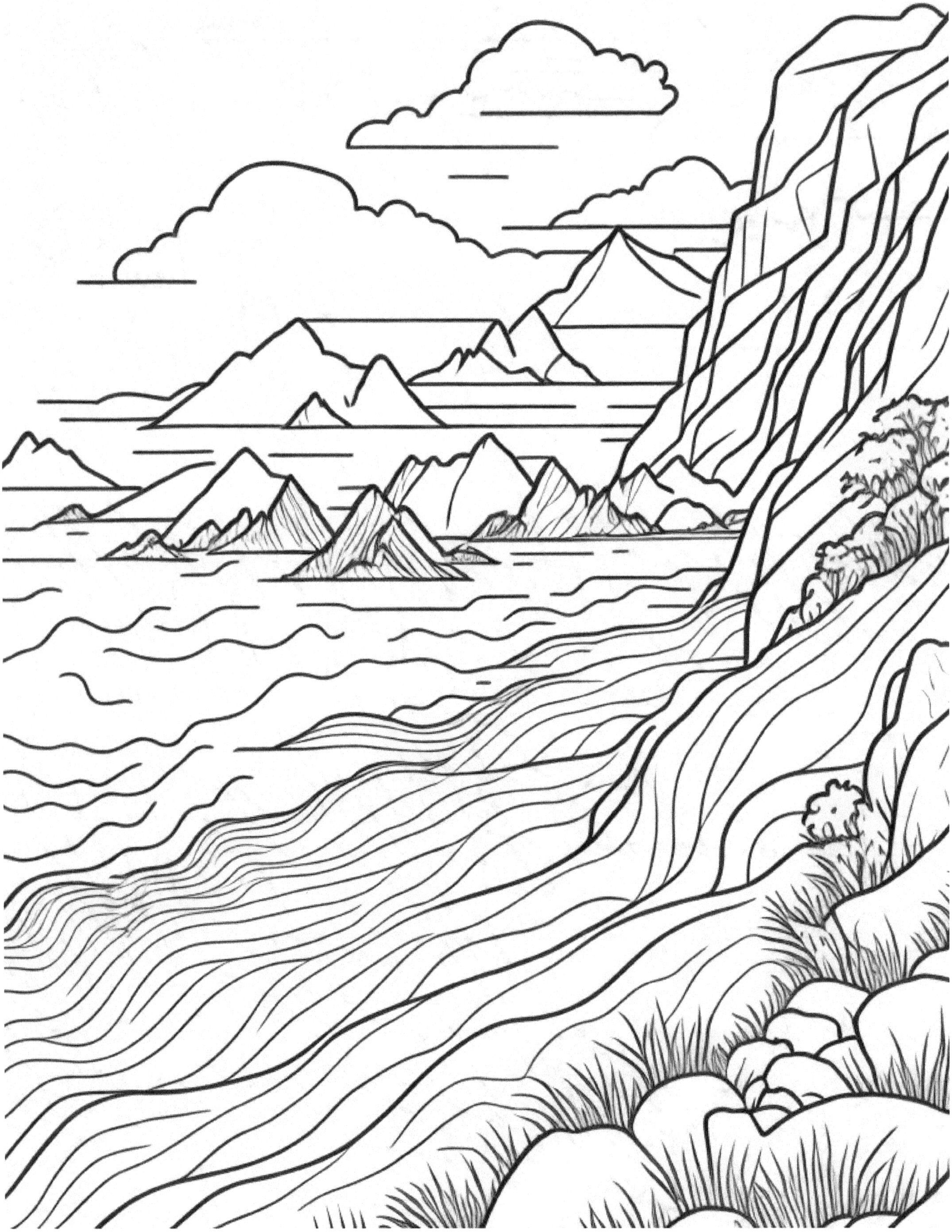

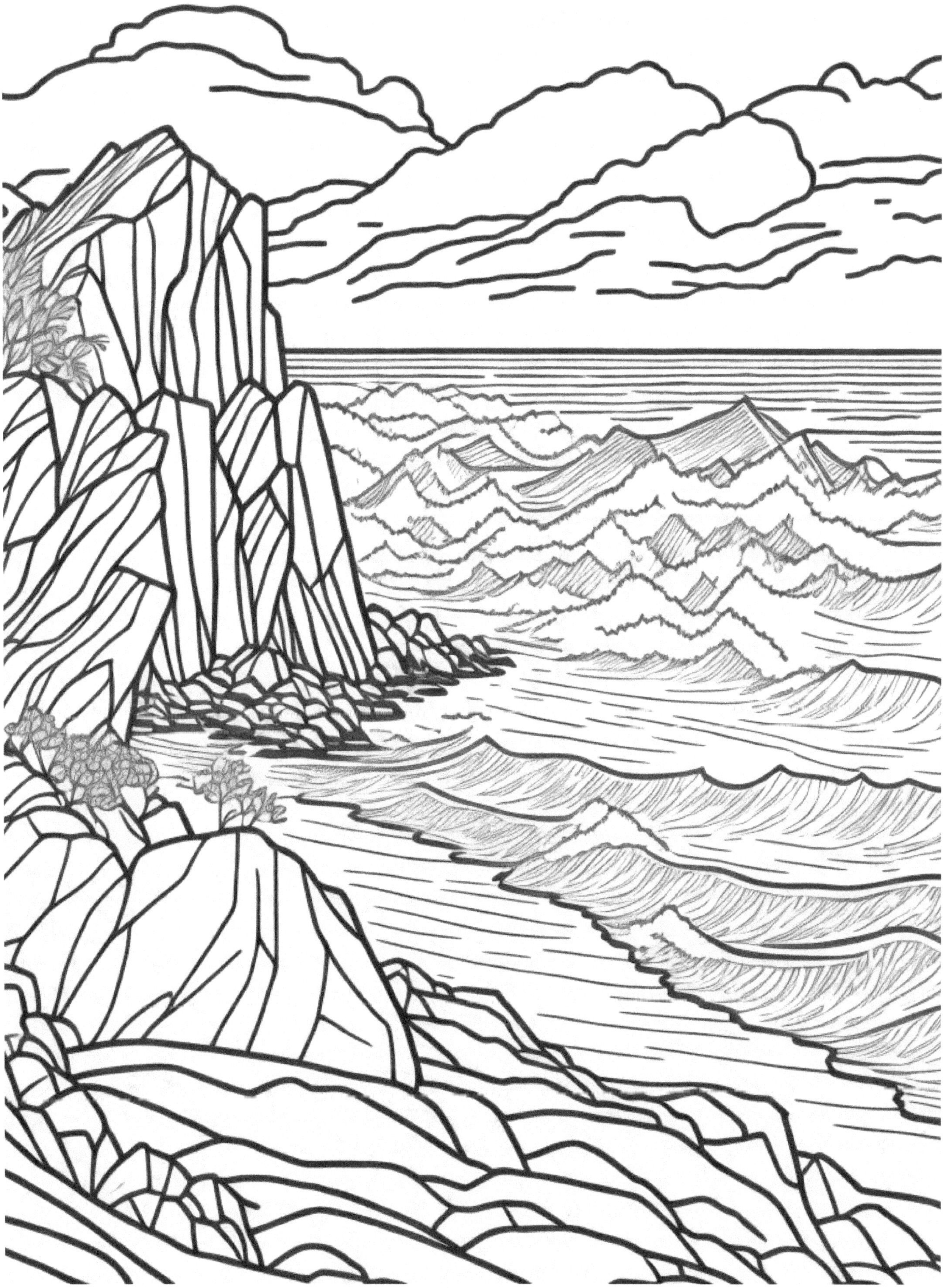

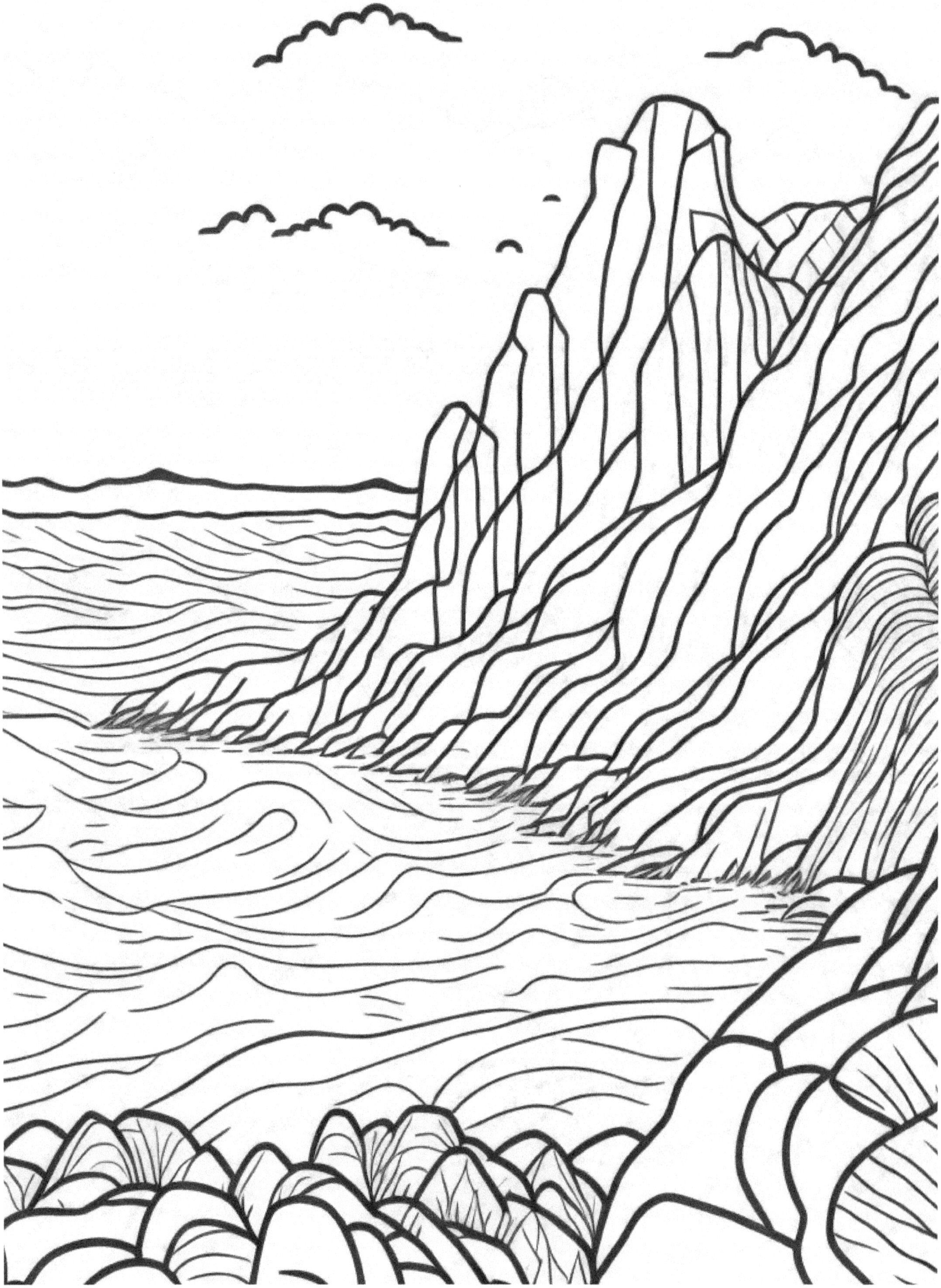

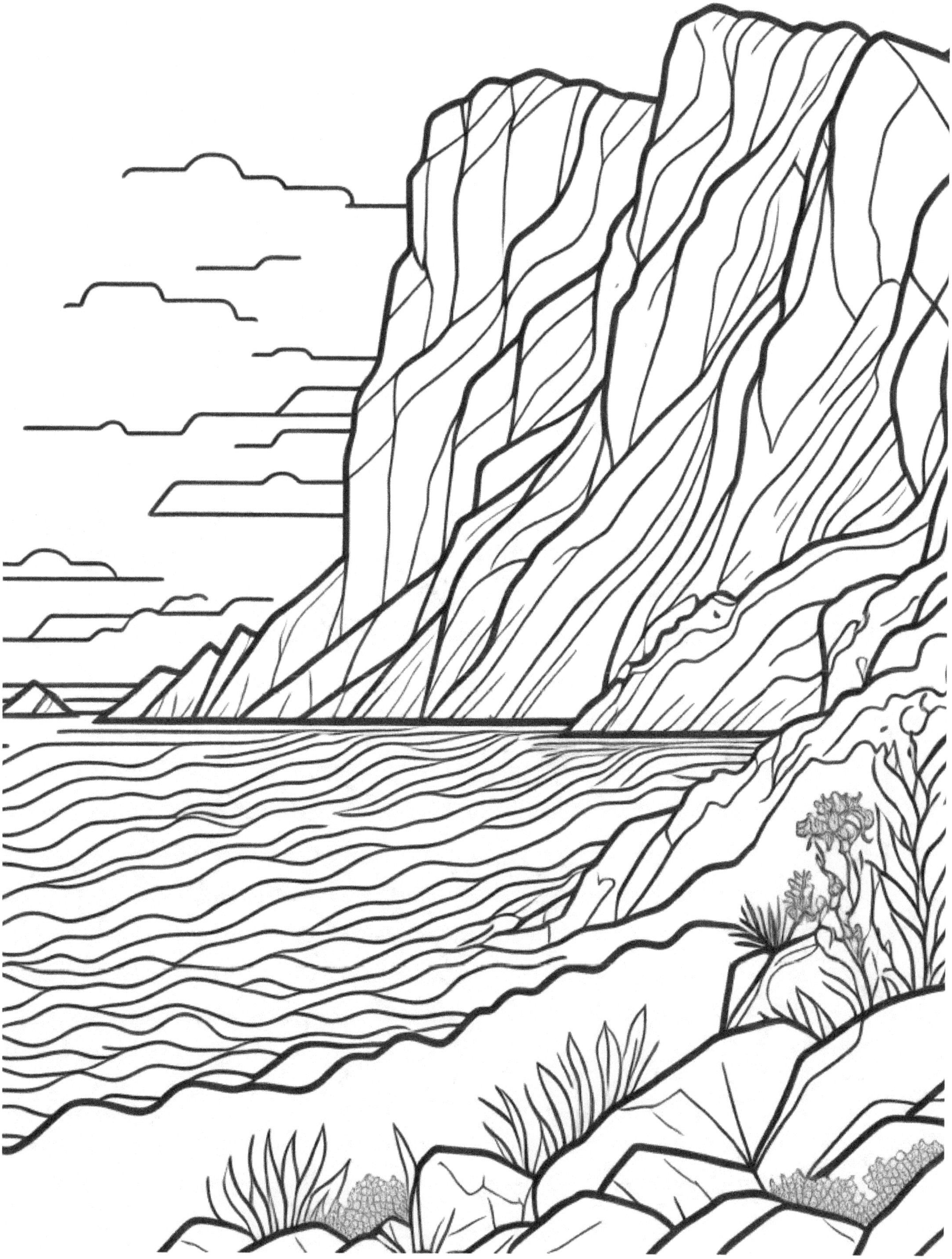

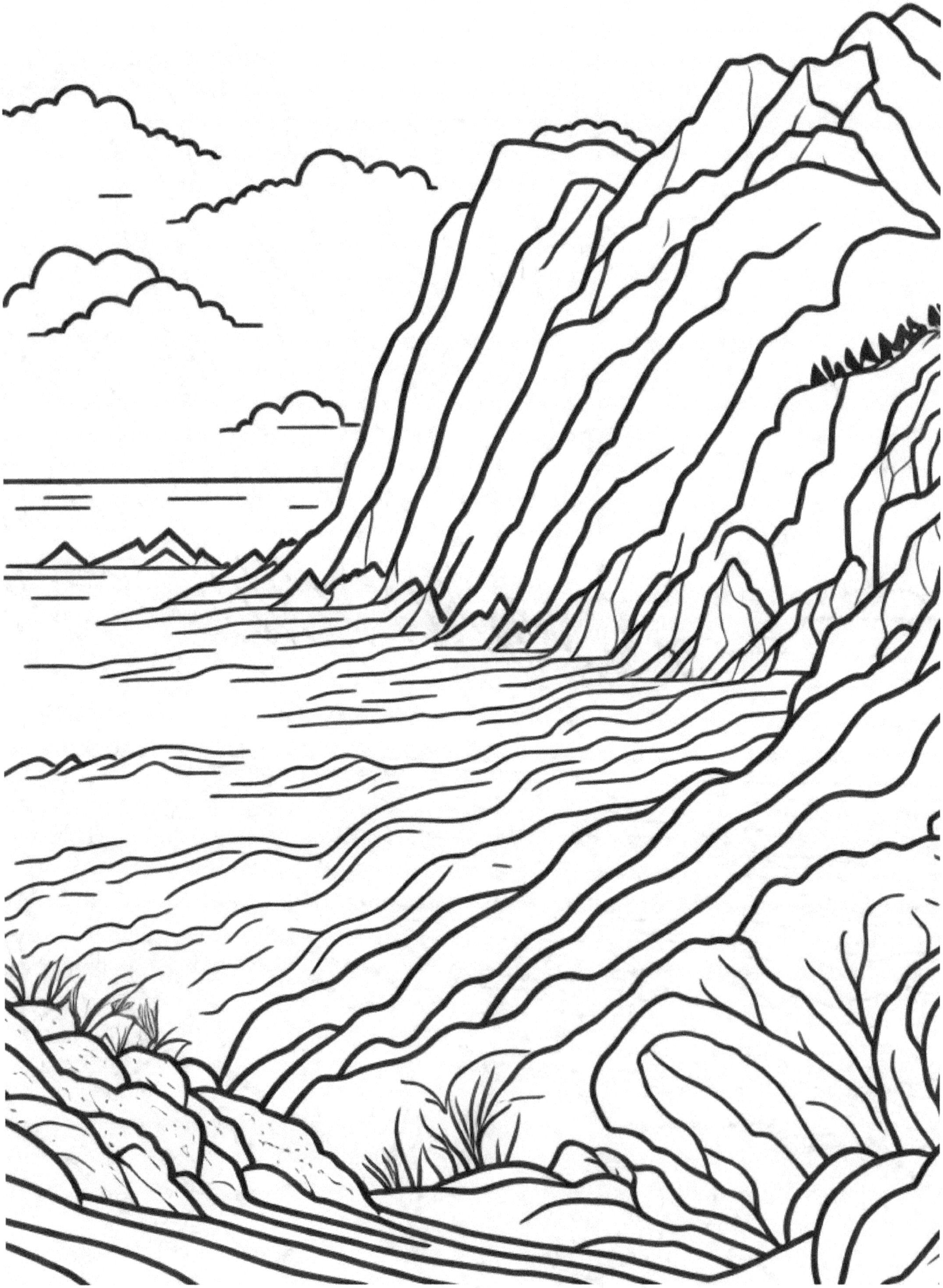

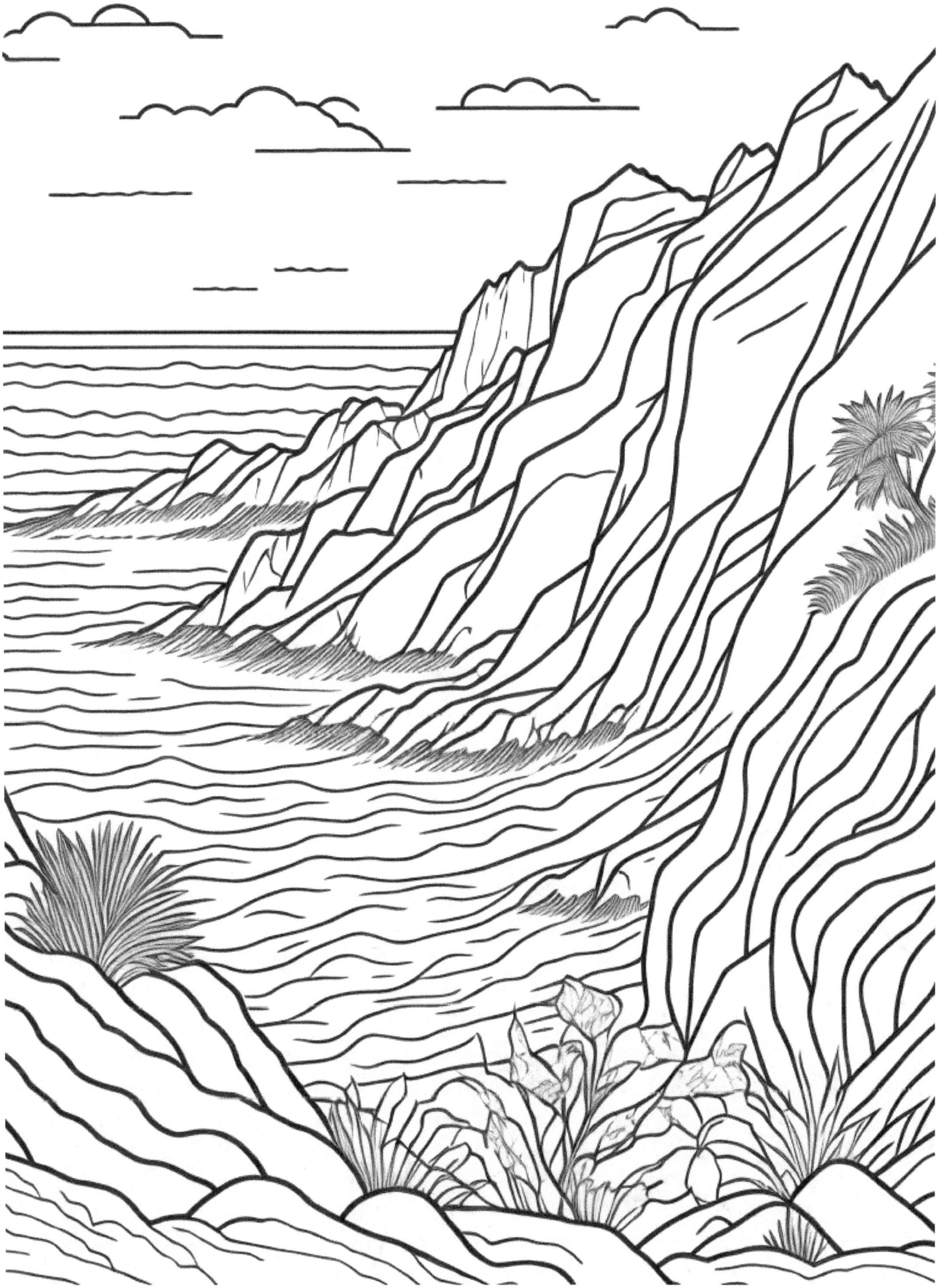

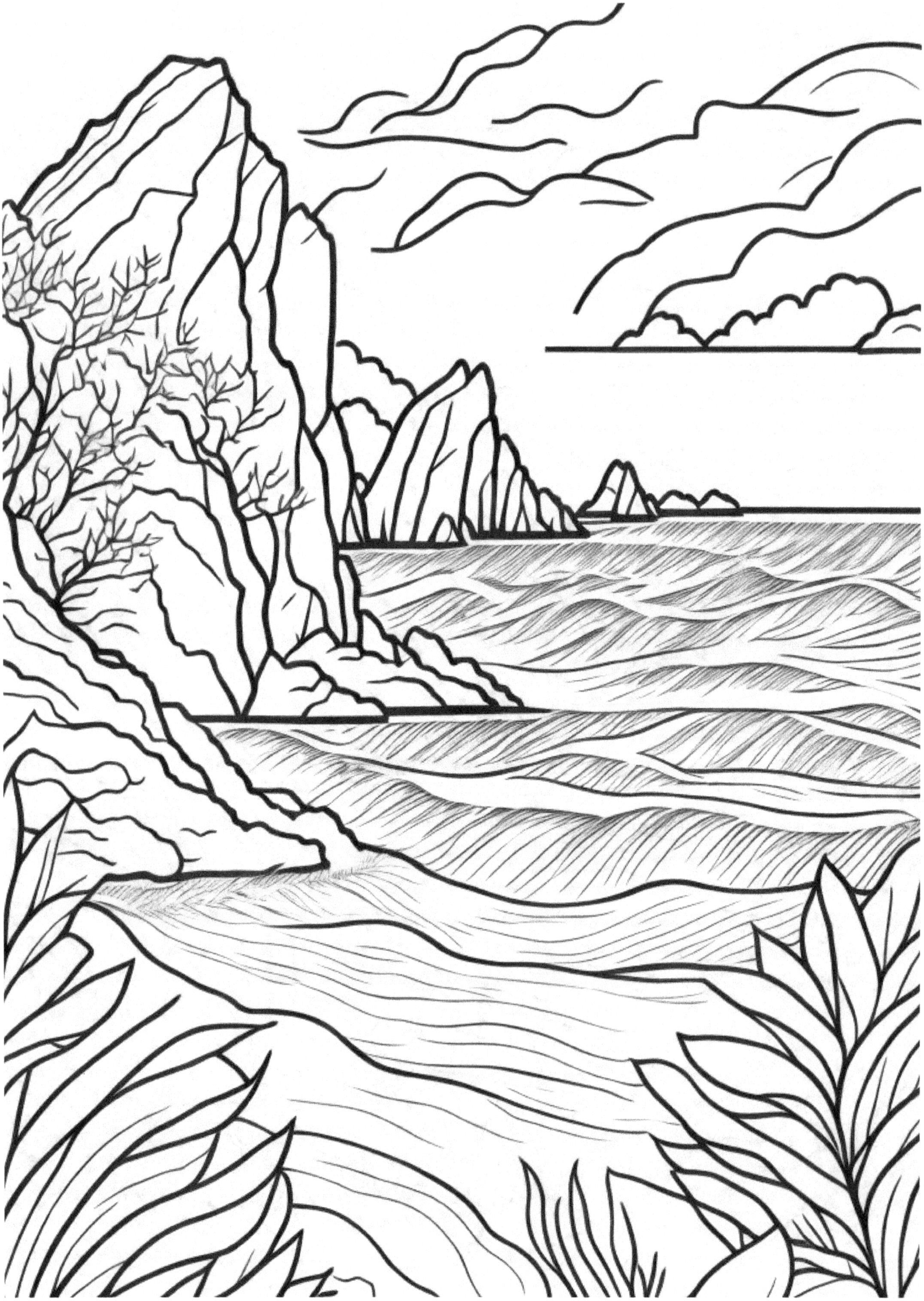

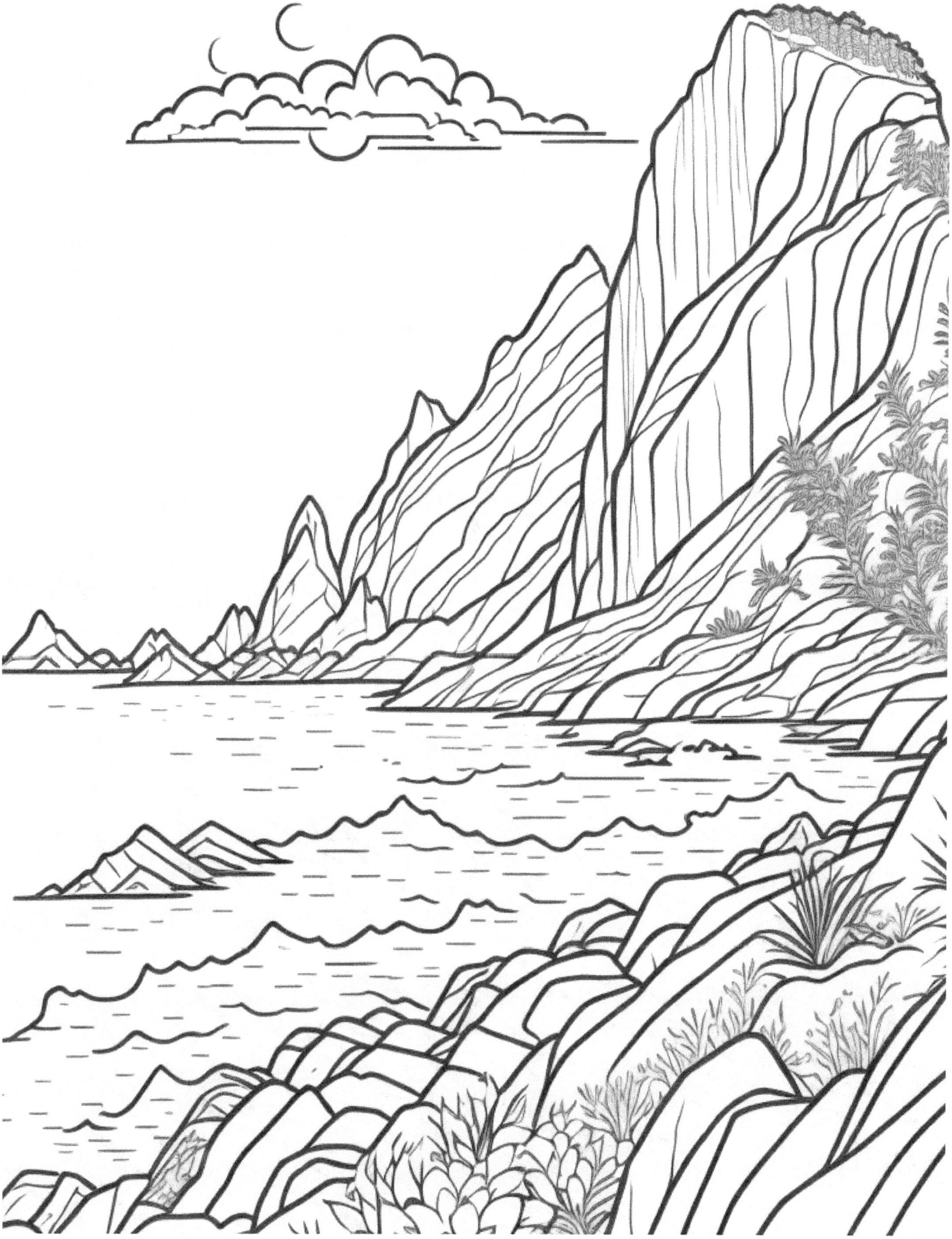

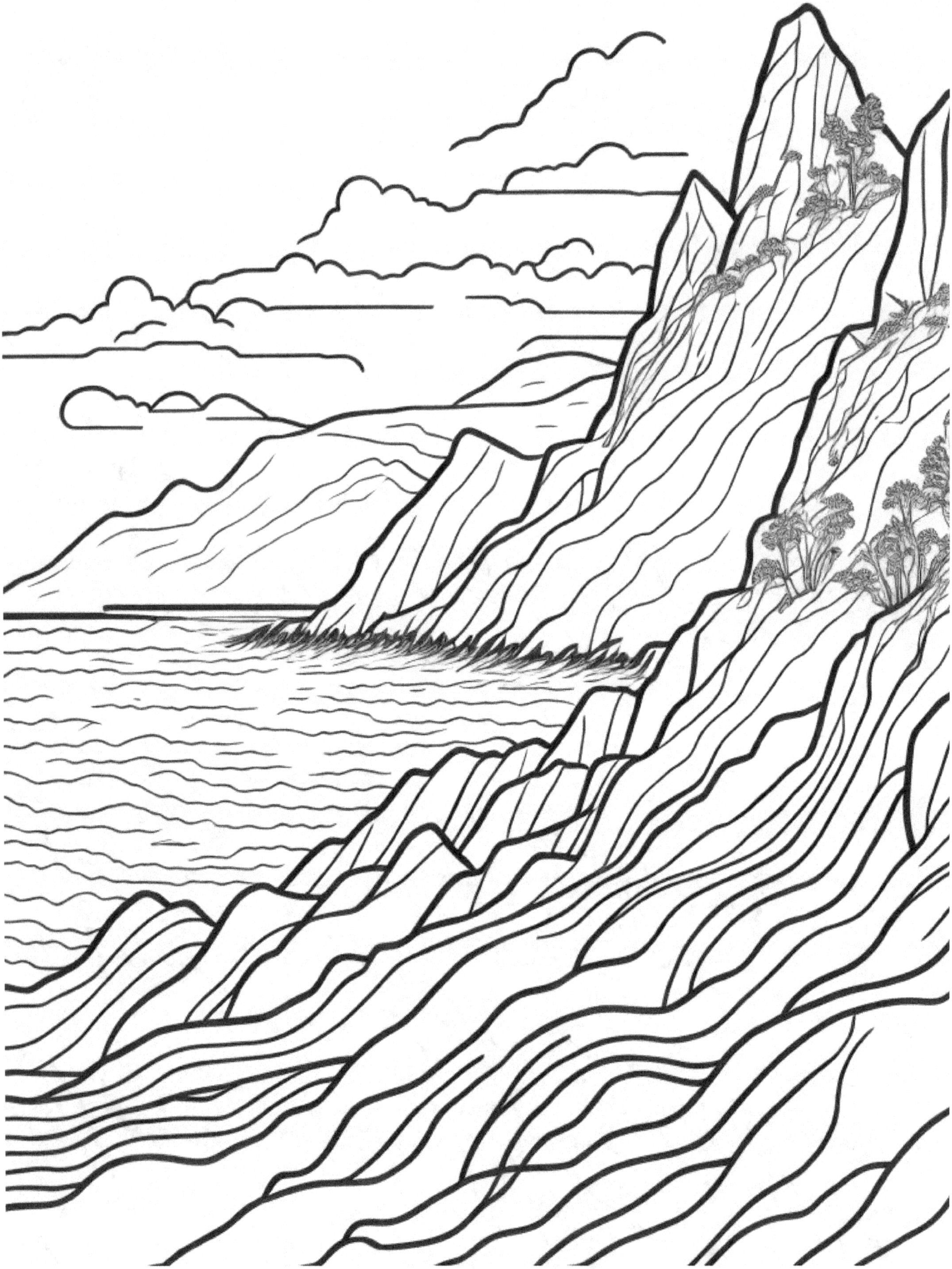

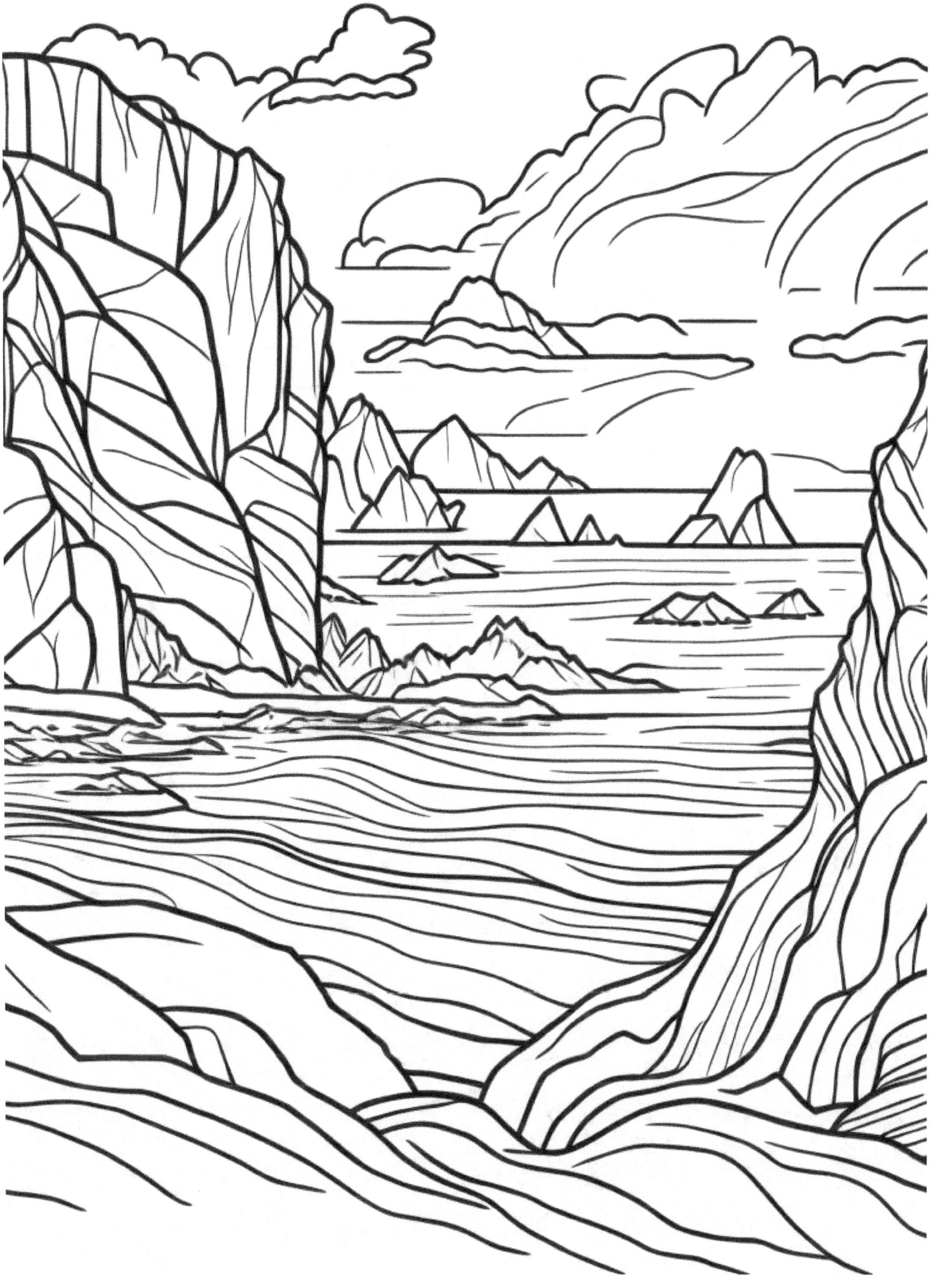

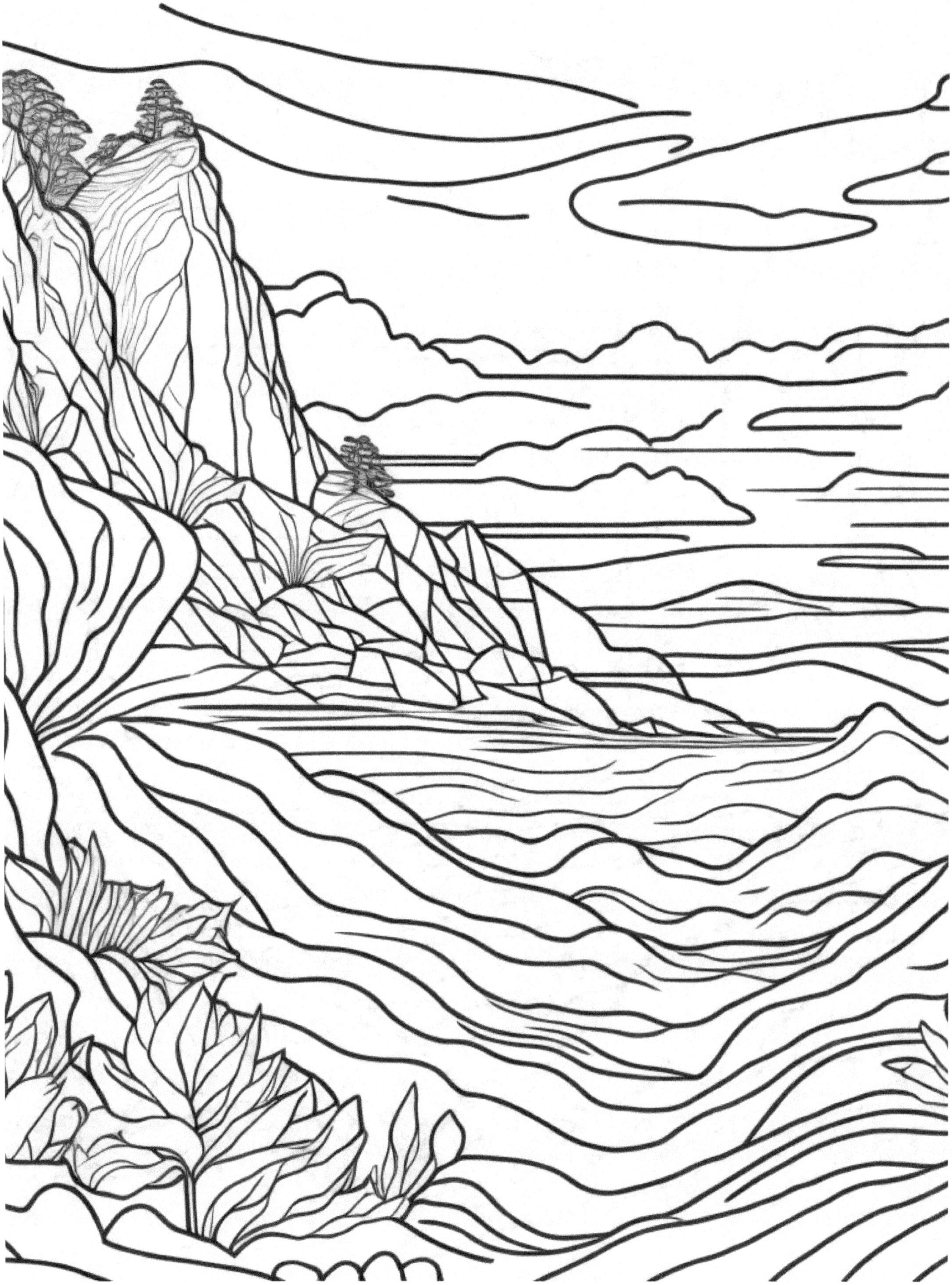

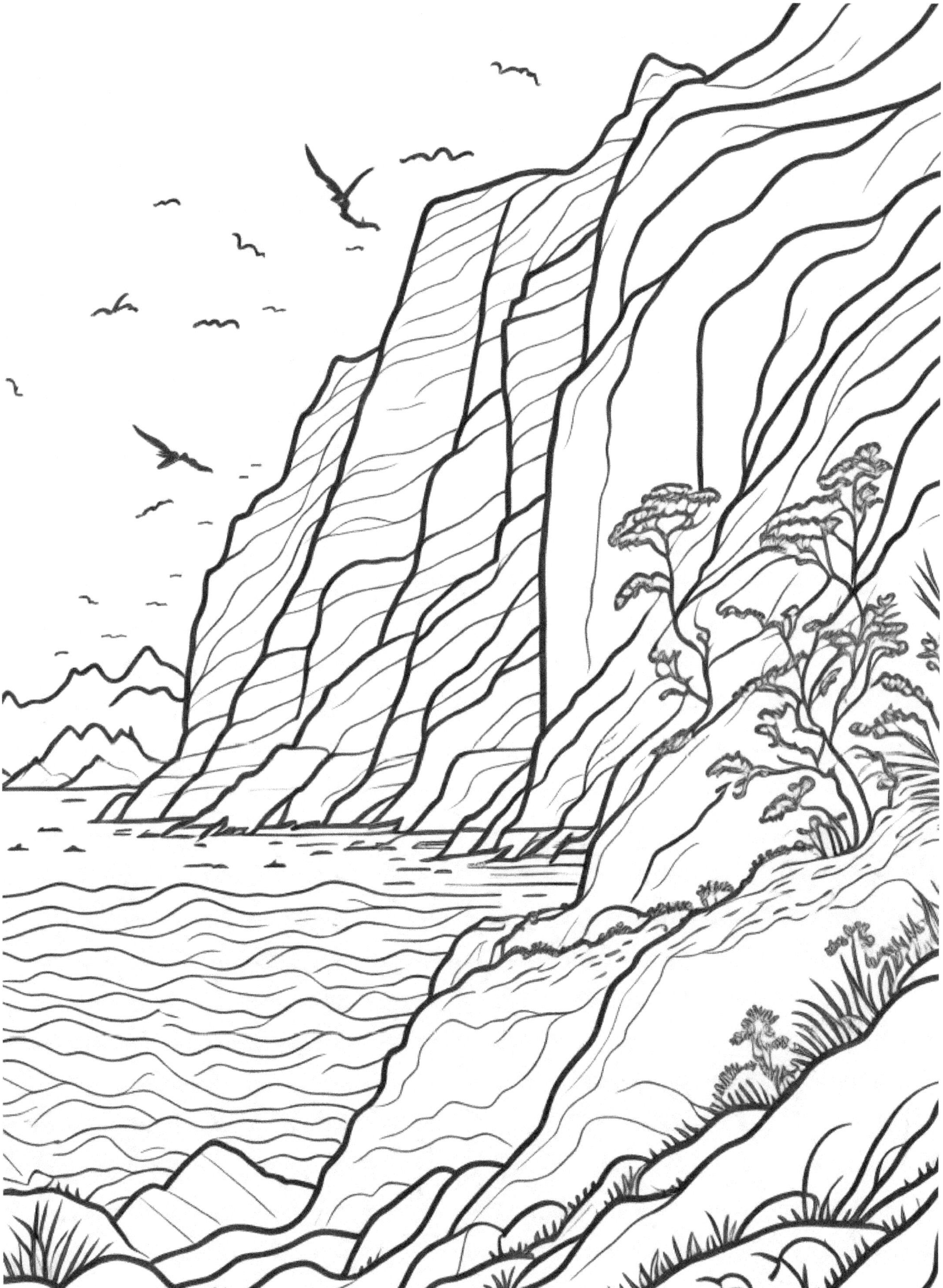

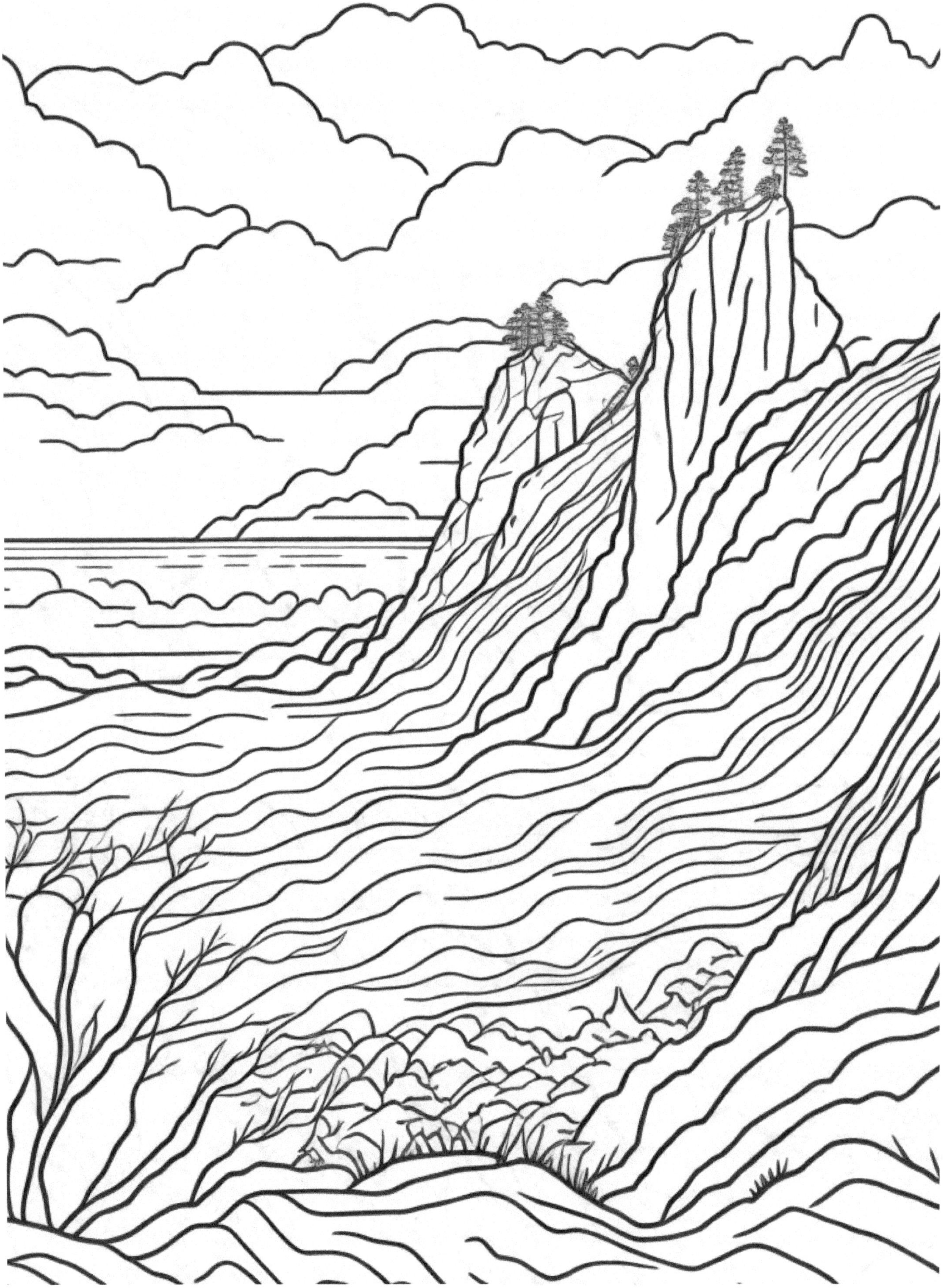

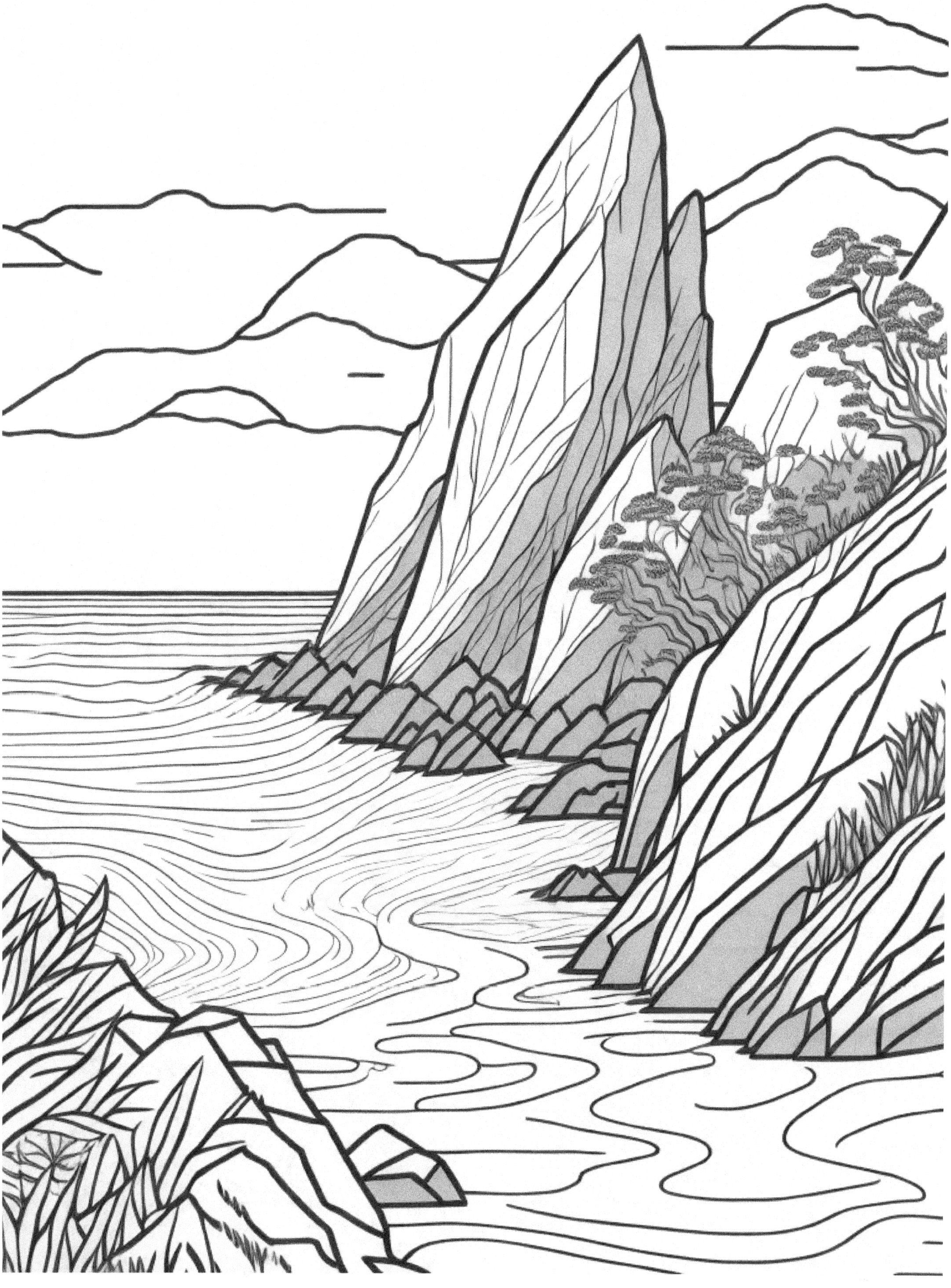

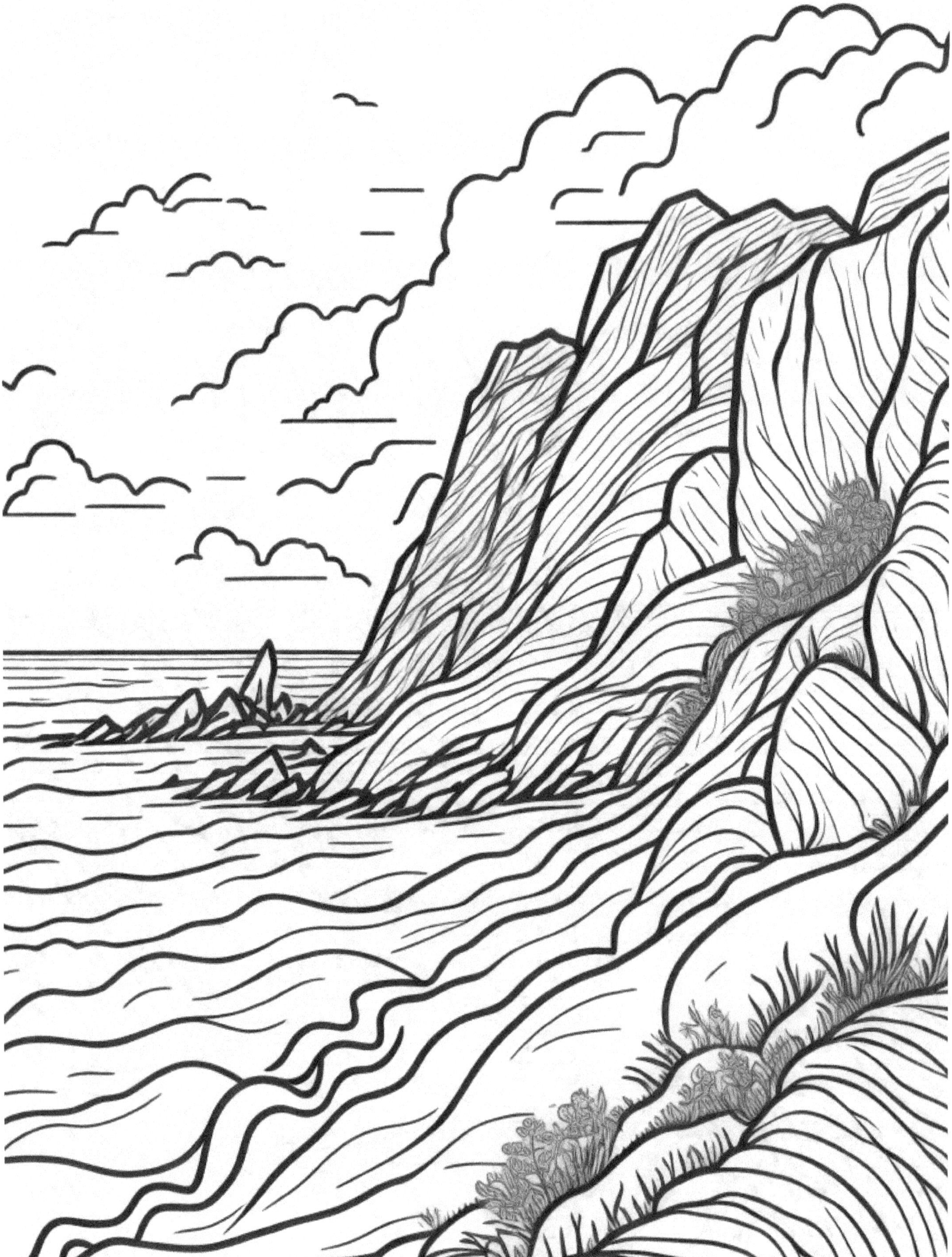

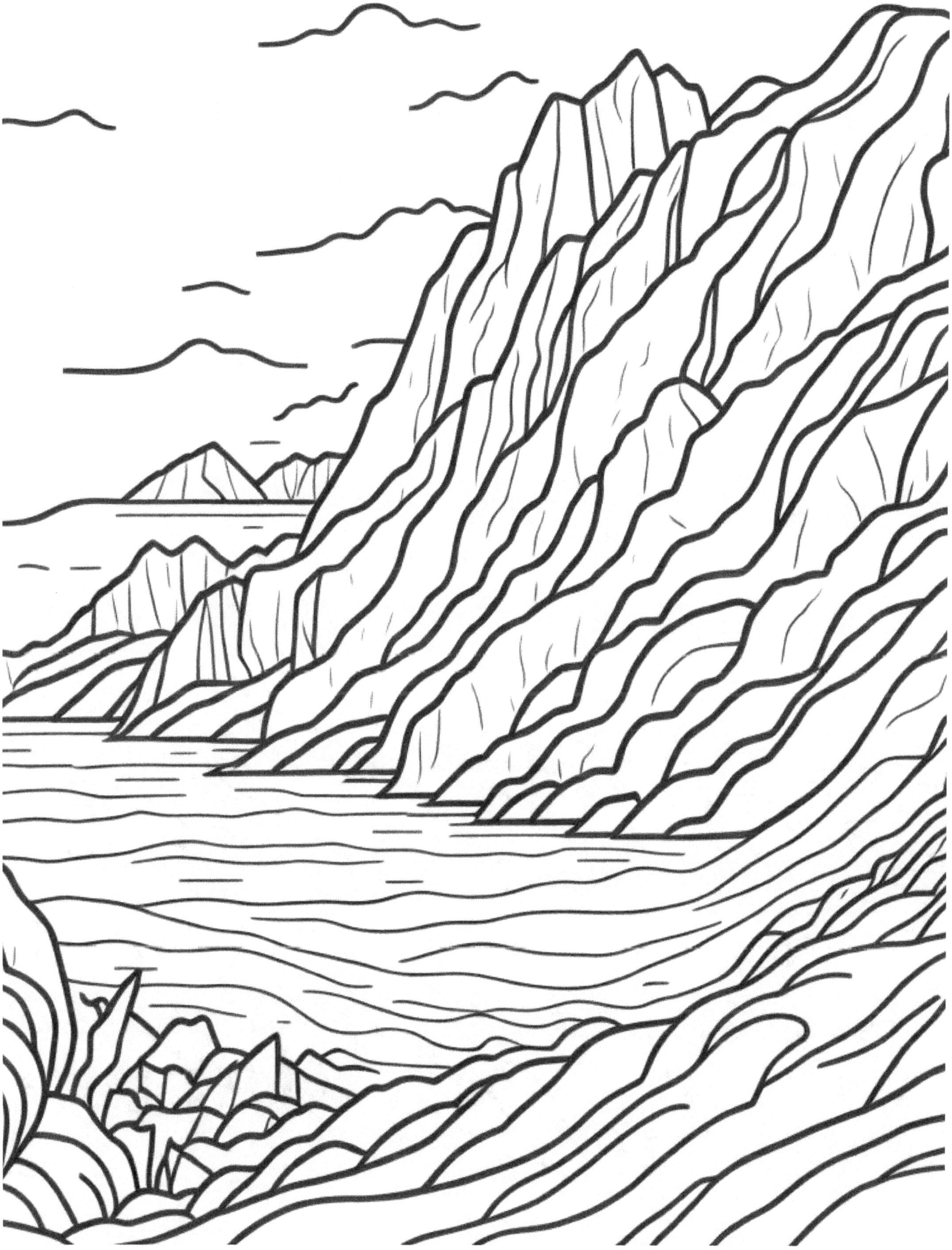

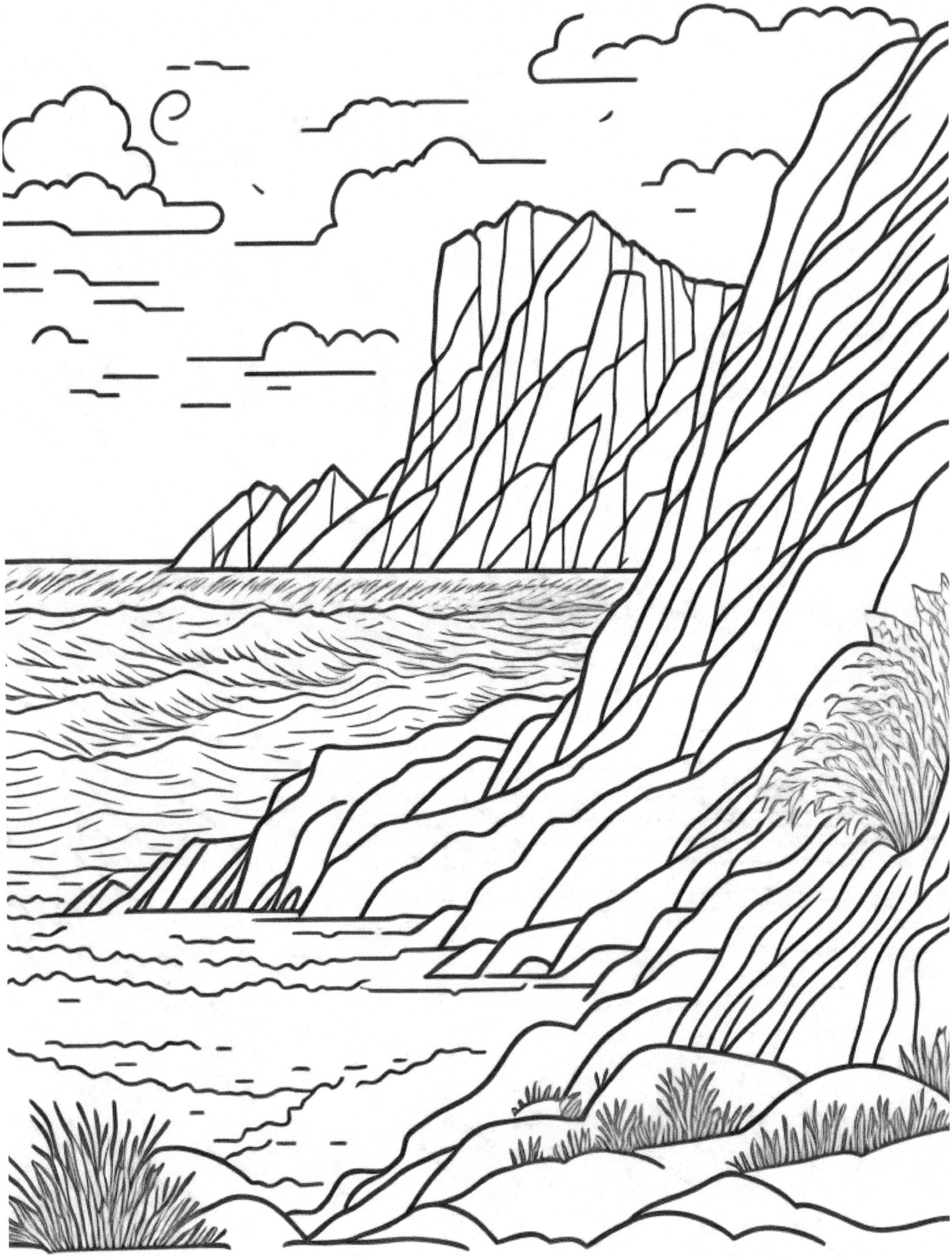

www.ingramcontent.com/pod-product-compliance
Lightning Source LLC
Chambersburg PA
CBHW080627220526
45467CB00011B/3405
* 9 7 9 8 3 9 2 5 2 9 7 2 8 *